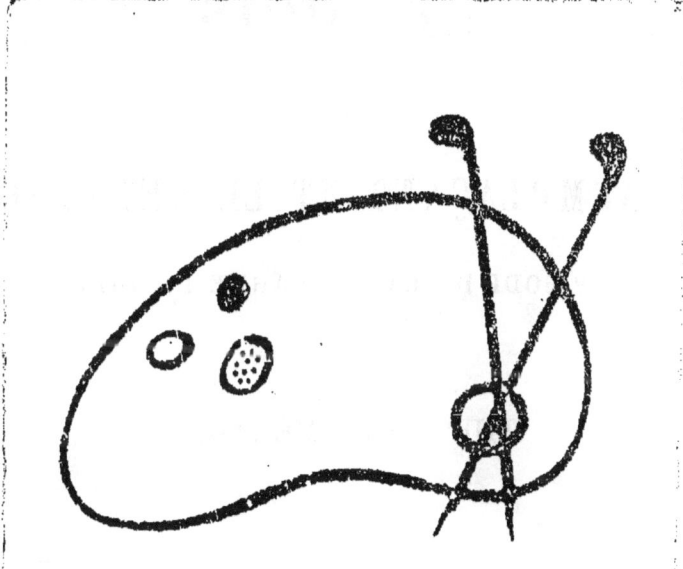

Couvertures supérieure et inférieure
en couleur

# THÉODORE

## ET LOUIS

OU

## LE REMPLAÇANT ET LE REMPLACÉ

ÉPISODE DE LA CAMPAGNE DE 1813

PAR

THÉOPHILE MÉNARD

TOURS

ALFRED MAME ET FILS

ÉDITEURS

# BIBLIOTHÈQUE DE LA JEUNESSE CHRÉTIENNE

## FORMAT IN-8° — 2ᵉ SÉRIE

ACTES DES MARTYRS D'ORIENT (les), par M. l'abbé Lagrange.

AFRIQUE INCONNUE (l'), par M. Gilbert, professeur à l'université de Louvain.

ALDA, l'ESCLAVE BRETONNE, traduit de l'anglais par Mᵐᵉ L. de Montanclos.

AMIE DES JEUNES PERSONNES (l'), par Mˡˡᵉ Anaïs Martin.

AMIS DES OUVRIERS (les), par l'auteur de la Vie du B. Pierre Fourrier.

ANNETTE, ou l'influence de la piété filiale, par Mᵐᵉ Marie de Bray.

APÔTRES DE CHARITÉ (les), par A. M.

ARABELLA, ou Trente ans de l'histoire d'Angleterre, par Henri Guenot.

AUSTRALIE (l'), par ***.

BONHEUR DANS LE DEVOIR (le), par Mᵐᵉ L. Boïeldieu-d'Auvigny.

BOURDALOUE, esquisse biographique et morceaux choisis, par A. Laurent.

CANADA (le), par le comte de Lambel.

CHRISTIANISME EN ACTION (le), choix de nouvelles, par Eugène de Margerie.

CHRONIQUES DU MONT SAINT-BERNARD, par M. Le Gallais.

CHRONIQUES ET LÉGENDES MÉROVINGIENNES, par le Vicomte de Lastic-Saint-Jal.

CLÉMENCE DE LISVILLE, par Mᵐᵉ de Montanclos, auteur de Camille, etc.

COMTESSE DE GLOSWOOD (la), par Mˡˡᵉ Leclerc.

CONQUÊTES EN ASIE par les Mogols et les Tartares, par M. de Chavannes.

DERNIER DES STUARTS (le), par J.-J.-E. Roy.

DEUX BEAUX-FRÈRES, OU FAUTE ET DÉVOUEMENT (les), par Mᵐᵉ Marie de Bray.

DEUX FAMILLES (les), par Mᵐᵉ la comtesse de Bassanville.

ÉCOLE DE LA PIÉTÉ FILIALE (l'), par A. Vallos.

ÉLISA SCHUMLER, ou la Juive convertie, par Stéphanie Ory.

ÉMILE ARTHENAI, par C. Guenot.

ENFANTS BRAVES (les), par M. Charles Jobey.

ÉTATS-UNIS D'AMÉRIQUE (histoire des), par Théophile Ménard.

FEU DU CIEL (le), histoire de l'Électricité, par Arthur Mangin.

FRANÇAIS EN ÉGYPTE (les), par J.-J.-E. Roy.

FRANÇAIS EN ESPAGNE (les), par J.-J.-E. Roy.

FRANÇAIS EN RUSSIE (les), par J.-J.-E. Roy.

GUILLAUME LE CONQUÉRANT, par M. Todiere.

HISTOIRE ABRÉGÉE DES MISSIONS CATHOLIQUES dans les diverses parties du monde, par J.-J.-E. Roy.

HISTOIRE DE LA SAVOIE ET DU PIÉMONT, par M. Le Gallais.

HISTOIRE DU SIÈGE ET DE LA PRISE DE SÉBASTOPOL, par J.-J.-E. Roy.

IMPRESSIONS D'UN PÈLERIN DE TERRE-SAINTE, par M. l'abbé Becq.

JEAN RACINE (histoire de), par J.-J.-E. Roy.

JEUNES CONVERTIES (les), ou Mémoires des trois sœurs Barlow, traduit de l'anglais.

JUANNA, suivi de Julie de Sallerange, par Stéphanie Ory.

LÉGENDES BOURGUIGNONNES, Récits historiques et légendaires, par l'abbé E. B***

LOUISE MURAY, ou l'apôtre de la famille, par A. Desves.

LUCIE, épisode de l'histoire de Syracuse, par René du Mesnil de Maricourt.

MARCUS PLAUTIUS, ou les chrétiens sous Néron, par C. Guenot.

MARIE-ANTOINETTE (histoire de), reine de France, par J.-J.-E. Roy.

MARIE DE BOURGOGNE, par Mˡˡᵉ A. Gerbier.

MARIE ET MARGUERITE, par F. Villars.

MARIE-THÉRÈSE D'AUTRICHE (histoire de), par J.-J.-E. Roy.

MASSILLON, esquisse biographique, suivie de morceaux choisis, par A. Laurent.

MÉMOIRES D'UN CENTENAIRE, par Alexandre de Saillet.

MERVEILLES DE L'INDUSTRIE, par Arthur Mangin.

Mˡˡᵉˢ DE CLAIRVAL, nouvelle, par J. Sauzay.

MON ONCLE ANDRÉ, ou vanité des richesses, par Théophile Ménard.

MORALE PRATIQUE, par M. G. de Gerando.

MORE DE GRENADE (le), par Henri Guenot.

PLANTEUR DE JAVA (le), par Henri Guenot.

RÉCITS D'UN ALSACIEN, par Charles Dubois, membre de l'académie Stanislas.

RÉFLEXIONS MORALES ET HISTORIQUES, par F. P.

REINE-MARGUERITE, OU UNE FAMILLE CHRÉTIENNE, par Mˡˡᵉ A. Desves.

RÉVOLUTION DE 1688 EN ANGLETERRE (histoire de la), par Théophile Ménard.

ROBINSONS FRANÇAIS (les), ou la Nouvelle-Calédonie, par J. Morlent.

ROME SOUS NÉRON, Études historiques, par A. M.

SOIRÉES ALGÉRIENNES, par M. l'abbé Léon Godard.

SOIRÉES EN FAMILLE, par A. M.

SOLANGE DE CHATEAUBRUN, par Théophile Ménard.

SOUVENIRS ET EXEMPLES, par Mgr Chalandon, archevêque d'Aix.

TANCRÈDE, prince de Tibériade, par C. Guenot.

TERSIMA ou l'exilé du désert, Récit historique et légendaire, par M. l'abbé E. B***

THÉODORE ET LOUIS, ou le Remplaçant et le Remplacé, par Théophile Ménard.

TROIS MÈRES (les), ou faiblesse, ambition et sagesse, par Mᵐᵉ Aricie Sauquet.

Tours. — Impr. Mame.

# BIBLIOTHÈQUE

DE LA

# JEUNESSE CHRÉTIENNE

APPROUVÉE

PAR Mgr L'ARCHEVÊQUE DE TOURS

2ᵉ SÉRIE IN-8º

PROPRIÉTÉ DES ÉDITEURS

Les tambours battirent un ban, et les conscrits crièrent :
« Vive notre sergent-major! »

# THÉODORE
## ET LOUIS
### OU
## LE REMPLAÇANT ET LE REMPLACÉ

ÉPISODE DE LA CAMPAGNE DE 1813

PAR

THÉOPHILE MÉNARD

CINQUIÈME ÉDITION

TOURS

ALFRED MAME ET FILS, ÉDITEURS

M DCCC LXXVI

# THÉODORE ET LOUIS

## PREMIÈRE PARTIE

### CHAPITRE I

#### L'ARRIVÉE D'UN DÉTACHEMENT DE CONSCRITS

Le 6 janvier 1813, jour de l'Épiphanie, on se disposait gaiement, dans la petite ville de Champlitte, à célébrer la fête des Rois. Dès le matin, chaque ménagère était occupée à préparer le repas du soir et à boulanger le gâteau traditionnel, qu'elle n'oubliait pas de munir de la fève destinée à désigner le roi du jour. Nulle part il n'y avait autant de mouvement et d'entrain joyeux que chez M. Vermont, un des riches négociants en grains et farines du pays. Ceci ne surprendra personne, quand on saura que M. Vermont fêtait en même temps que la solennité du jour le retour de son fils, sous-officier arrivant de l'armée d'Espagne après deux ans d'absence. Tous les parents et les amis intimes avaient été invités à la réunion. Mme Vermont, petite femme toute ronde, mais encore agile et preste malgré ses quarante-huit ans bien sonnés, courait sans cesse de la cuisine à la salle à manger, activant le zèle de ses cuisinières (car pour la circonstance elle avait adjoint une aide à son cordon-bleu habituel), veillant d'un autre côté à l'organisation du couvert, à l'arrangement du dessert, quoique cette dernière opération eût été confiée à ses deux filles, et trouvant encore le temps de donner par-ci par-là un baiser à son cher fils et de gronder son mari et ses filles de leur peu d'activité, qui lui laissait toute la besogne sur les bras.

« Mais, ma mère, lui dit enfin le jeune militaire, reposez-vous donc un peu ; vous vous donnez plus de tourment qu'un général un jour de bataille.

— Il le faut bien, sans cela rien ne serait prêt à heure et à temps. Crois-tu, mon pauvre Louis, que je n'aimerais pas mieux rester auprès de toi, comme font ton père et tes sœurs, que d'être toujours en l'air comme je le suis depuis le matin ? Dire que depuis ton retour je n'ai pas encore eu le temps de te voir ni de t'embrasser à mon aise !

— Eh bien, dorénavant, observa son mari, tu auras amplement le temps de te dédommager, si ton frère, comme il nous l'a fait espérer, trouve un remplaçant pour notre Louis.

— Dieu le veuille! reprit M<sup>me</sup> Vermont; mais tu connais mon frère; quoiqu'il aime bien Louis, dont il est le parrain et dont il se propose de faire son gendre, il est tellement absorbé par ses grandes spéculations et par les travaux de ses forges, que je tremble qu'il ne néglige une affaire qui n'a pas à ses yeux l'importance qu'elle a aux nôtres.

— C'est précisément parce que je connais mon beau-frère Boulard que je ne partage pas tes craintes. Sans doute les grandes affaires sont sa principale occupation, mais il ne néglige pas pour cela les petites; et, quand il a promis de se mêler de quelque chose, on peut être sûr qu'il le fera, et même qu'il réussira où tout autre aurait échoué.

— Que Dieu le veuille, encore une fois, répéta M<sup>me</sup> Vermont en poussant un profond soupir, car par le temps qui court les pauvres mères sont dans des transes continuelles; mais il ne faut pas que je pense trop à ces choses-là, autrement je ne pourrais plus m'occuper de mon dîner. A propos, monsieur Vermont, as-tu songé à la cave? il ne faut pas attendre au dernier moment pour choisir les bouteilles de vin que tu veux offrir.

— Tout est prêt, ma femme; Louis m'a aidé dans cette besogne.

— Et vous pouvez voir dans l'office, interrompit Louis, une respectable collection de bouteilles alignées sur deux rangs.

— Et toi, Amélie, as-tu garni les compotiers et les assiettes de confitures ?

— Ce n'est pas encore tout à fait terminé, parce que j'ai aidé ma sœur Julie à préparer sa crème au chocolat; mais nous allons nous y mettre tout à l'heure toutes deux ensemble, et ce sera fait dans vingt minutes.

— Et pourquoi ne vous y mettez-vous pas tout de suite ?

— Oh! c'est parce que nous écoutions, reprit Julie, une histoire fort intéressante que Louis nous racontait de sa dernière campagne en Espagne, et nous voudrions bien en entendre la fin. C'est une pauvre cantinière française, qui a été prise avec ses deux enfants par des guérillas, et que les insurgés voulaient fusiller. Voyons, Louis, achève-nous ton histoire pendant que maman est là; je suis sûre que cela l'intéressera.

— Moi! reprit vivement M$^{me}$ Vermont, j'aime trop peu ces histoires de guerre, qui me font toujours frissonner.

— Oh! mon Dieu, dit Louis, il n'y a rien d'effrayant dans ce qui me reste à conter, et je puis le faire en deux mots. Notre compagnie est arrivée à temps pour délivrer la cantinière, ses enfants, son cheval et sa voiture, et pour ramener le tout sain et sauf au quartier général; et, comme les insurgés n'avaient pas eu le temps de la dévaliser, elle nous a donné deux outres remplies d'excellent vin d'Andalousie, et une barrique d'eau-de-vie pour nous régaler.

— Mais, reprit Amélie, que ce brusque dénoûment contrariait, vous avez dû vous battre pour délivrer cette femme, et tu ne nous donnes aucun détail de ce combat?

— Bah! ce n'est pas la peine d'en parler, surtout devant ma mère, qui n'aime pas les coups de fusil.

— Tu as raison, mon fils, et je te remercie, pour mon compte, de m'avoir fait grâce de ces détails. Allons, Mesdemoiselles, continua-t-elle en s'adressant à ses filles, maintenant que vous avez entendu la fin de l'histoire, allez veiller à votre dessert. »

Les deux jeunes filles s'éloignèrent, et M$^{me}$ Vermont s'adressant à son mari, lui demanda quelques renseignements sur le nombre des personnes invitées, s'informant de celles sur lesquelles on pouvait compter, et de celles qui probablement, pour une raison ou pour une autre, manqueraient à l'appel.

Pendant cette conversation, qui paraissait fort peu l'intéresser, Louis s'était levé, avait allumé une cigarette qu'il roulait depuis quelques instants dans ses doigts, s'était approché de la fenêtre et regardait machinalement dans la rue. Tout à coup un bruit lointain de tambour se fait entendre. Comme un cheval de bataille dresse l'oreille au son de la trompette, ainsi notre jeune militaire semble se réveiller à ce bruit. « Entendez-vous, mon père ? » s'écrie-t-il en jetant sa cigarette.

M. Vermont prêta l'oreille un instant, puis répondit : « Oui, j'entends battre de la caisse ; il n'y a rien d'étonnant à cela ; c'est probablement le père Nicolas, le tambour de ville, qui proclame quelque arrêté de M. le maire, ou bien qui annonce le déballage de quelque marchand forain.

— Pardon, mon père, reprit vivement Louis ; jamais le père Nicolas n'a manié les baguettes d'une façon aussi distinguée. Tenez : le bruit se rapproche ; il y a deux tambours qui battent parfaitement et régulièrement les marches réglementaires, et qui font entendre des *ras* et des *flas* d'un numéro inconnu au père Nicolas.

— C'est peut-être, observa M^me Vermont, un détachement de conscrits, comme il en passe à chaque instant. Encore quelques pauvres moutons qu'on envoie à la boucherie, et dont le départ cause le désespoir de leurs mères !

— Les conscrits, reprit Louis, n'ont pas de tambours de cette force, et ne marchent pas comme ces hommes dont je distingue d'ici le pas cadencé. Il faut que j'aille voir ce que c'est. » En disant cela il sortit précipitamment de la chambre.

En voyant son fils s'éloigner, M^me Vermont poussa un profond soupir, et une larme mouilla sa paupière.

« Qu'as-tu donc encore à te chagriner, ma pauvre femme? lui dit son mari; doutes-tu toujours du succès des démarches de ton frère? Les remplaçants sont rares aujourd'hui, cela est vrai, et je n'ai pu m'en procurer dans ce pays-ci; mais, après tout, avec de l'argent on en trouve, et, puisque je lui ai donné carte blanche, il est bien convaincu que je le rembourserai de toutes ses avances, et que, si je ne suis pas aussi riche que lui, je puis bien disposer pour racheter mon fils d'une somme de six, de huit et même de dix mille francs, si cela est nécessaire.

— Non, répondit tristement M$^{me}$ Vermont, ce n'est pas là ce qui m'inquiète le plus, quoique je ne doive être tranquille de ce côté que quand mon frère aura réussi.

—. Alors qu'est-ce donc? car je n'y comprends rien.

— As-tu remarqué le ton, les manières de Louis depuis son retour?

— Certainement, et j'ai trouvé qu'il était changé à son avantage. Autrefois, c'était un écolier turbulent, paresseux, indocile, à qui j'ai permis de s'engager à dix-huit ans, dans l'espoir que la discipline militaire dompterait son caractère fougueux, et que les privations et la misère qu'il aurait à endurer lui rendraient plus chère la vie de famille. Eh bien, je crois avoir à peu près réussi; il se montre soumis et respectueux envers nous, complaisant envers ses sœurs, tandis qu'autrefois, tout en nous témoignant beaucoup d'affection (car je reconnais que son cœur valait mieux que sa tête), il se moquait de nos remontrances, et il n'avait pas de plus grand plaisir que de tourmenter et de taquiner ses sœurs et sa cousine Estelle, que nous nous proposions déjà de lui faire épouser. Aussi ton frère me disait : « Si ce garçon-là ne change pas, il n'aura pas ma fille; » c'est lui-même qui m'a conseillé de le laisser partir, en me disant : « Il faut que ton fils *mange un peu de vache enragée,* sans quoi nous n'en ferons jamais rien de bon. » Effectivement je trouve aujourd'hui qu'il est devenu beaucoup plus raisonnable; son jugement s'est formé, il écoute avec attention et comprend les observations qu'on lui fait; il est franc sans être impoli, et vif sans être turbulent. »

Une mère aime toujours à entendre faire l'éloge de son fils, même quand cet éloge sort d'une bouche partiale comme l'est ordinairement la bouche d'un père. Elle convint donc facilement avec son mari des changements heureux qui s'étaient opérés dans le caractère de son enfant. « Mais, ajouta-t-elle, il y a une chose que tu n'as pas remarquée : c'est que, pendant ces deux ans de service, Louis a contracté le goût de l'état militaire, et je suis persuadée que c'est à contre-cœur, et seulement pour ne pas nous contrarier, qu'il consent aujourd'hui à quitter cet état et à souffrir qu'on le rachète.

— Et d'où te peut venir une pareille idée?

— De mille petites choses qui t'échappent à toi, mais qu'aperçoit facilement l'œil clairvoyant d'une mère. Déjà, quand il était au lycée de Reims, j'avais remarqué cette tendance, et tous mes efforts pour l'en détourner avaient été inutiles. Quand il s'est engagé, malgré la douleur poignante que j'en ressentis, je me disais : Bah! après tout, c'est peut-être le seul moyen de le dégoûter de cet état. Quand il en aura tâté, il fera comme de tant d'autres choses qu'il désirait ardemment, et dont il ne se souciait plus dès qu'il les avait obtenues. Et voilà qu'après deux ans des plus rudes épreuves il revient avec le même goût, plus prononcé encore qu'auparavant.

— Mais, encore une fois, où vois-tu donc ces dispositions de notre Louis? T'a-t-il dit ou a-t-il dit à quelqu'un qu'il désirait rester militaire, qu'il ne voulait pas être remplacé?

— Non, il ne l'a dit ni à moi ni à personne que je sache; mais il est facile de voir que, s'il ne le dit pas ouvertement, c'est parce qu'il craint de nous faire de la peine. Rappelle-toi que la première fois qu'il fut question de lui acheter un remplaçant, il répondit à la lettre dans laquelle tu lui faisais part de ce projet : « A quoi bon faire cette dépense inutile? Je suis sous-officier; dans six mois peut-être j'obtiendrai l'épaulette de sous-lieutenant : alors, si ma présence est jugée nécessaire dans ma famille, il me sera facile de donner ma démission. De cette manière je serai dégagé du service militaire sans qu'il vous en ait coûté un sou. » Cette subite disposition à l'économie de la part d'un jeune homme qui s'était toujours montré si prodigue, me donna déjà à réfléchir; depuis son retour, il a répété plusieurs fois la même chose ou à peu près, chaque fois qu'il a été question de son remplacement. Enfin, une autre observation qui me confirme dans mes idées, c'est que, quand il parle de ses campagnes, des dangers qu'il a courus, des fatigues et des privations qu'il a éprouvées en Espagne, au lieu de se trouver heureux d'être maintenant exempt de tant de calamités, on dirait qu'il regrette cette vie d'aventures et de périls. Autre chose encore : as-tu remarqué qu'il a toujours à la bouche, et pour les choses les plus indifférentes, des expressions militaires? Ainsi, tout à l'heure il disait que je me donnais du tourment comme un général d'armée la veille d'une bataille; et en parlant des bouteilles qu'il avait rangées, il disait qu'il les avait alignées sur deux rangs; enfin, tout à l'heure, ce tambour qu'il a entendu l'a fait tressaillir, et il nous a quittés pour courir après cette troupe de soldats ou de conscrits, comme il l'aurait fait quand il n'avait que douze ans.

— Ma foi, répondit en riant M. Vermont, voilà des observations graves, très-graves vraiment, et

qui m'avaient complétement échappé. J'avoue que
ta perspicacité dépasse la mienne de cent coudées
au moins. Vivent les femmes pour découvrir ce que
personne ne voit, et surtout pour se créer des chi-
mères et se donner du tourment! Mais voyons, parlons sérieusement: est-il étonnant qu'un jeune homme
qui a été deux ans militaire emploie des métaphores
tirées de cet état, comme un homme qui a navigué
se sert de termes de marine? S'il parle des peines
qu'il a endurées sans paraître trop s'en plaindre,
cela se conçoit aisément; c'était lui qui avait voulu
s'engager, et l'on pourrait lui répondre: C'est toi qui
l'as voulu. Ainsi, un peu d'amour-propre et un peu
de fanfaronnade, voilà tout ce qu'il y a au fond de
ces propos qui t'ont tant alarmée. Une fois rendu à
la vie civile, à des habitudes paisibles et régulières,
il aura bientôt perdu ces idées et ce goût de l'état
militaire, si toutefois il l'a réellement contracté.

— Je le désire de tout mon cœur; mais ce qu'il
faudra faire immédiatement, dès que nous aurons la
certitude de sa libération, ce sera de le marier.

— Le marier! mais tu n'y penses pas; il n'a que
vingt ans à peine, et Estelle n'a pas encore seize ans.

— C'est égal; tant qu'il ne sera pas marié, je ne
serai pas tranquille. Est-ce que tous les jours on ne
rappelle pas sous un prétexte ou sous un autre les
hommes qui ont déjà tiré au sort depuis longtemps,
et même qui ont des remplaçants à l'armée? Ton

cousin Verdier de Montarlot, qui avait fourni un remplaçant, a été malgré cela appelé dans les cohortes mobiles de la garde nationale, et deux de ses camarades de la même classe n'ont pas été pris parce qu'ils étaient mariés.

— Cette observation est juste, et nous en parlerons avec ton frère la première fois que j'irai à Franois.

— Il faut même y aller exprès, et ne pas perdre de temps; car on parle d'une levée de cinq cent mille hommes, et je tremble encore pour notre Louis. Mon Dieu! quand est-ce que tout cela finira? En fait-il tuer des hommes, ton empereur! Oh! s'il savait combien les mères le détestent! Et dire que mon garçon en parle avec enthousiasme!

— Tais-toi, femme; ne parlons pas politique... »

Ici la conversation des deux époux fut interrompue par l'arrivée soudaine de Louis, accompagné d'un jeune homme en uniforme de lycéen, et qui paraissait à peu près de son âge. « Mes chers parents, dit-il en entrant, je suis heureux de vous retrouver encore ensemble pour vous présenter un de mes anciens camarades, un de mes meilleurs amis, M. Théodore de Cerny, autrefois le premier élève du lycée impérial de Reims, aujourd'hui mon remplaçant au service de S. M. l'empereur et roi.

— Ton remplaçant! s'écrièrent ensemble les deux époux.

— Oui, Madame, oui, Monsieur, reprit le nouveau venu, je suis le remplaçant de votre fils; et pour preuve, ajouta-t-il en tirant un papier de sa poche et en le leur présentant, voici l'expédition authentique de l'acte par lequel je me suis engagé à être son représentant à l'armée : heureux que le hasard ou plutôt la Providence m'ait procuré dans cette circonstance l'occasion de rendre la liberté à un ami et un fils à ses parents ! »

Pendant que M. Vermont jetait un coup d'œil sur l'acte, sa femme regardait avec une sorte de surprise mêlée d'admiration le jeune étranger qui venait de lui être présenté d'une manière si inattendue. Théodore de Cerny était un fort beau jeune homme, plus grand que Louis Vermont, mais qui paraissait d'une constitution plus délicate. Sa figure pâle, aux traits réguliers, était encadrée d'une chevelure d'ébène qui en faisait ressortir la blancheur d'ivoire ; une légère moustache noire estompait sa lèvre supérieure, et s'harmoniait parfaitement avec sa bouche souriant avec grâce. Par un contraste assez rare, ses yeux étaient bleus; son regard, habituellement spirituel et doux, annonçait la sérénité de son âme ; quand parfois ce regard s'animait du feu des célestes passions, il avait quelque chose de magnétique qui entraînait ceux qui se trouvaient soumis à son influence. Ses manières distinguées, son ton poli, qui formaient un contraste frappant avec les manières et le ton de son fils, n'avaient point échappé à M^me Vermont ; aussi, sans attendre que son mari eût achevé sa lecture, elle s'empressa de faire au nouveau venu un accueil des plus gracieux. « Nous sommes heureux, dit-elle, de vous recevoir en ce jour où précisément nous fêtons le retour de mon fils. Regardez-vous ici comme chez vous, comme dans votre famille. »

M. Vermont vint bientôt joindre ses compliments à ceux de sa femme, et témoigner à Théodore tout le plaisir que lui causait sa visite. En rendant l'acte au jeune homme, il lui dit : « Je vois avec plaisir que mon beau-frère a fait les choses convenablement et a ponctuellement suivi mes intentions ; seulement, ce qui m'étonne, c'est qu'il ne m'ait pas prévenu par une lettre de la conclusion de cette affaire.

— Ce n'est pas lui qu'il faut accuser de négligence, répondit le jeune de Cerny ; c'est moi qui ai voulu me réserver le plaisir d'apporter le premier à Louis et à sa famille la nouvelle qu'ils ne seraient plus séparés, et M. Boulard s'est prêté avec complaisance à cette fantaisie, un peu égoïste de ma part, j'en conviens, puisqu'elle a retardé de quelques jours la connaissance d'un fait qui vous intéressait tous à un si haut degré. Mais j'espère que vous voudrez bien me pardonner.

— Que parles-tu de pardon, mon cher de Cerny ? interrompit vivement Louis ; la lettre de mon oncle ne nous aurait jamais fait autant de plaisir que ta présence, et tu ne pouvais rien imaginer de plus agréable pour nous que de te faire toi-même le messager de cette bonne nouvelle.

— Mon fils a raison, monsieur de Cerny, appuya M. Vermont : mon beau-frère n'aurait pu dans sa lettre me faire connaître qu'imparfaitement le choix qu'il avait fait, et je suis heureux tout à la fois d'apprendre la libération de Louis et de connaître le digne représentant qu'il aura à l'armée.

— Vous pouvez bien dire, mon père, que ni vous ni moi nous n'en aurions pu choisir un plus digne. Il y a dix ans que je le connais; nous avons été huit ans ensemble dans les mêmes classes; seulement j'étais un des derniers, et lui toujours le premier; j'étais souvent puni pour ma mauvaise tête et ma paresse, lui était toujours signalé pour son application et sa bonne tenue, et deux années de suite il a obtenu le prix de bonne conduite. Aussi avait-il été nommé sergent-major pendant les deux dernières années que nous avons passées ensemble au lycée; et je vous assure qu'il nous faisait manœuvrer avec autant d'aplomb et de régularité qu'aurait pu le faire le capitaine instructeur (1) lui-même. Il n'y

(1) Sous le premier empire, les lycées étaient organisés comme des espèces d'écoles militaires. Les élèves formaient un bataillon divisé en compagnies plus ou moins fortes, selon le nombre des élèves. Les trois ou quatre premières compagnies, formées des élèves les plus grands et les plus robustes, étaient armées de fusils ou de mousquetons. Elles étaient exercées au maniement des armes et aux différentes manœuvres

avait qu'un point sur lequel, dans un temps, j'étais plus fort que lui : c'était l'escrime, parce que monsieur avait négligé cette partie pour se livrer entièrement aux sciences et aux lettres. Mais un jour il se ravise, et en quelques mois le voilà devenu un des plus forts de la salle. C'était à ne pas y croire. Je voulus en essayer, et il m'a boutonné de main de maître; car, avec sa tournure délicate et sa mine de demoiselle, vous ne vous figureriez pas, mon père, comme il a le poignet solide. Bref, je vous garantis qu'il fera un rude grenadier.

— Ah çà! mon ami, reprit Théodore en souriant, parmi toutes les belles qualités que tu me prêtes, sans doute tu ne comptes pas la modestie; autrement tu aurais craint de la blesser un peu avec tes éloges à brûle-pourpoint.

militaires. Les autres compagnies, composées d'enfants plus jeunes, n'avaient pas d'armes; mais elles étaient exercées à la marche, aux évolutions et à tous les mouvements du soldat sans armes. Chaque compagnie était commandée par un sergent, et les sections de compagnie par des caporaux. Ces grades étaient donnés aux élèves comme récompense de leur bonne conduite. Le grade le plus élevé était celui de sergent-major, qui était accordé à l'élève qui avait obtenu le prix de bonne conduite en rhétorique ou en philosophie. Un capitaine instructeur, aidé quelquefois de deux adjudants, tous anciens militaires, étaient chargés d'apprendre aux élèves le maniement des armes et de commander les diverses évolutions. Dans certaines circonstances, le sergent-major remplaçait le capitaine instructeur. Deux, trois, et quelquefois quatre tambours étaient chargés d'appeler les élèves à leurs divers exercices et de marcher à leur tête en promenade, aux revues, etc. Ces tambours étaient ordinairement choisis parmi des enfants d'anciens militaires; ils étaient considérés comme élèves et recevaient gratuitement l'instruction.

— Au fait, mon enfant, dit M^me Vermont, il y aurait en ce moment quelque chose de mieux à faire que des compliments et des éloges à l'adresse de ton ami. Tu oublies qu'il vient de faire une longue route à pied, qu'il doit avoir besoin de se reposer et de se restaurer. Conduis-le dans la salle à manger, où je vais vous faire servir à déjeuner, en attendant le dîner, qui ne sera prêt qu'à six heures du soir.

— Bravo! ma mère; vous avez cent fois raison. Allons, viens, mon cher Cerny; nous allons manger une ou deux tranches de jambon et de pâté, et déboucher quelques-unes des bouteilles que j'ai rangées en bataille ce matin. Je serai bien aise d'avoir ton avis sur la qualité des vins de papa Vermont. »

Pendant que les deux amis vont déjeuner, nous allons faire faire à nos lecteurs une plus ample connaissance avec Théodore de Cerny, le héros de cette histoire.

# CHAPITRE II

LES DEUX ÉDUCATIONS

Théodore de Cerny appartenait à une noble et autrefois riche famille parlementaire de Bourgogne. Il comptait parmi ses ancêtres bon nombre de présidents à mortier et d'avocats généraux au parlement de Dijon. Son père même était conseiller dans cette compagnie, lorsque la révolution le força d'émigrer en 1792. Sa jeune femme, qui l'avait accompagné dans l'exil, donna bientôt le jour à un fils qui fut baptisé sous le nom de Théodore. Deux ans après, elle mit au monde une fille qui reçut le nom d'Angèle.

La naissance de ces deux enfants eût comblé de joie M. et M$^{me}$ de Cerny, s'ils avaient vu le jour dans des circonstances plus heureuses ; mais pouvaient-ils naître sous des auspices plus funestes qu'à cette époque que l'histoire a flétrie justement de l'odieux nom de *temps de la Terreur?* Il est vrai que sur la terre étrangère, en Angleterre, où cette famille s'était retirée, elle était à l'abri des coups directs de cet affreux régime; mais le contre-coup ne s'en faisait pas moins sentir d'une manière pénible. Tous les biens des de Cerny avaient été séquestrés; déjà une partie avait été vendue, et la misère s'avançait à grands pas vers la famille exilée. M. de Cerny était désolé; il se laissait presque aller au désespoir, en envisageant le présent et surtout l'avenir. « Que deviendront nos pauvres enfants? disait-il; ah! il eût mieux valu que le Ciel ne nous en eût pas envoyé, puisque nous n'aurons à leur laisser pour héritage que la souffrance et la misère. »

Mme de Cerny, femme pleine de piété et de résignation chrétienne, cherchait à relever le courage de son mari. « Mon ami, lui disait-elle, ne proférez pas de semblables paroles; elles sont presque un blasphème. Dieu sait mieux que nous ce qui nous convient, et s'il nous a envoyé ces deux enfants, c'est qu'il a ses desseins sur eux. Ils seront peut-être un jour notre plus grande consolation. Ne nous laissons point abattre par le malheur des temps; songeons à élever nos enfants, quand ils seront en âge, dans la crainte de Dieu et l'observation de sa sainte loi. En attendant, sachons repousser courageusement la misère, qui voudrait nous envahir; et pour y parvenir mettons à profit les connaissances et les talents que nous avons reçus de notre éducation. Une maîtresse de pension m'a fait proposer de donner à ses élèves des leçons de langue française; j'ai accepté, sauf votre consentement. Vous ne pouvez pas faire usage ici de vos connaissances en jurisprudence, puisque les lois et les coutumes d'Angleterre diffèrent entièrement des nôtres; mais vous avez acquis, pour votre agrément, un talent remarquable sur le violon : qui vous empêcherait de l'enseigner? vos leçons seraient plus chèrement payées que les miennes dans le pensionnat.

« Y pensez-vous, Madame? s'écria M. de Cerny à cette proposition. Quoi! vous voulez faire de la baronne de Cerny une maîtresse de langues, et d'un grave conseiller au parlement un professeur de violon!

— Et pourquoi pas? reprit sa femme. Y a-t-il quelque chose de déshonorant à gagner sa vie et celle de ses enfants par de tels moyens? Trouvez-vous qu'il soit plus honorable d'aller demander l'aumône, comme nous y serons bientôt forcés, si nous refusons de faire usage des ressources que Dieu nous a laissées? »

Elle finit par décider son mari, et bientôt la triste et honteuse misère s'éloigna, et fit place à une aisance modeste, mais suffisante à des goûts simples.

Ils atteignirent ainsi l'époque où un gouvernement régulier remplaça le régime révolutionnaire. Les émigrés furent rappelés, et M. et M$^{me}$ de Cerny, accompagnés de leurs enfants, s'empressèrent de rentrer dans leur patrie. Mais ils n'y retrouvèrent plus leur opulence d'autrefois. Presque tous leurs biens avaient été vendus, et le peu que l'on consentit à leur rendre était à peine suffisant pour les faire vivre dans un état plus que médiocre. M. de Cerny en était arrivé à regretter parfois le temps où il était professeur de violon à Londres, et où il se faisait payer jusqu'à une guinée par leçon. Enfin il sollicita du gouvernement, quoique avec répugnance, un emploi dans la nouvelle magistrature.

Le gouvernement impérial, qui cherchait à se rallier les anciennes familles, accueillit favorablement sa demande; mais, comme toutes les places de conseillers dans les cours impériales étaient données, il ne put obtenir que la place de président du tribunal civil de Reims, avec promesse de passer conseiller de cour à une des premières vacances. En même temps, et comme pour lui faire attendre plus patiemment cette promotion, on lui accorda pour son fils une bourse au lycée de Reims. Cette dernière faveur le satisfit complétement, puisqu'elle lui donnait la facilité de surveiller par lui-même l'éducation de son enfant.

La famille de Cerny vint donc se fixer à Reims. Le nouveau président s'acquitta de ses fonctions de manière à s'attirer l'estime et la considération de tous les justiciables de son tribunal. Théodore entra au lycée, et s'y distingua depuis son début jusqu'à la fin de ses études par ses succès et sa bonne conduite, ainsi que nous l'avons entendu dire à son ami Louis Vermont, qui, loin d'avoir exagéré, était plutôt resté au-dessous de la vérité. Ce que Louis ne nous a pas dit, et ce que du reste il ignorait, c'était la direction que M. et $M^{me}$ de Cerny imprimaient par eux-mêmes aux études et à l'éducation de leur fils. Le père voulait que son enfant entrât dans la magistrature, et il était passablement contrarié de l'éducation toute militaire donnée aux élèves des lycées. Il avait même remarqué avec chagrin que Théodore, sans doute sous l'influence du temps et de l'exemple, manifestait un goût assez prononcé pour le métier des armes. Mais il ne fut pas difficile de le faire revenir à des goûts plus en rapport avec les intentions paternelles. Il avait pour ses parents le respect le plus profond et l'affection la plus tendre ; aussi, agir contre leur volonté, faire quelque chose capable de les contrarier, lui semblait une monstruosité dont la pensée seule le révoltait. On comprendra de tels sentiments de la part de ce jeune homme, quand on saura qu'il était sincèrement religieux ; il avait sans cesse devant les yeux les commandements de Dieu, et la moindre infraction à leurs préceptes lui paraissait une offense, une révolte contre Dieu lui-même. On sera peut-être étonné de rencontrer à cette époque de pareilles idées chez un jeune homme élevé dans un lycée de l'empire ; mais n'oublions pas que sa mère était une femme d'une grande et solide piété, qu'elle avait elle-même présidé à la première éducation de ses enfants, et qu'elle leur avait inspiré dès l'âge le plus tendre l'amour de Dieu et de sa loi. On ne saurait se figurer combien cette première éducation, sucée, pour ainsi dire, avec le lait maternel, laisse dans l'âme des traces vives et profondes. Le temps, le monde et les passions tentent en vain de les effacer ; un instant, une circonstance imprévue, un mot, quelquefois, suffiront pour les faire revivre avec toute leur vivacité première. Si M. de Cerny avait à se plaindre que l'éducation du lycée fût trop militaire, de son côté M$^{me}$ de Cerny craignait avec raison que cette éducation ne fût trop peu religieuse. Aussi, chaque fois qu'elle voyait son fils, soit au parloir, soit à la maison les jours de sortie, elle ne s'informait pas de ses progrès dans ses études, — elle laissait cette tâche à son père, — mais elle sondait son cœur pour savoir s'il n'avait rien perdu de la pureté de sa foi, et s'il continuait à pratiquer avec exactitude ses devoirs religieux. Elle le soutenait dans ses défaillances, elle le mettait en garde contre les attaques et les railleries de ses camarades, dont quelques-uns faisaient en quelque sorte parade d'impiété.

Docile aux leçons maternelles, Théodore marcha d'un pas ferme dans la bonne voie qui lui était tracée. Il eut, dans les commencements, à souffrir bien des moqueries de la part de ses condisciples; mais il sut se mettre sans affectation au-dessus du respect humain; il se montrait toujours gai, toujours bon camarade, toujours disposé à rendre service, même à ceux qui se raillaient de sa piété. Ardent aux récréations comme à l'étude, il était le plus adroit et le plus infatigable dans les jeux, et en même temps le plus studieux et le plus intelligent dans les classes. Aussi bientôt les plaisanteries tombèrent d'elles-mêmes. Chacun recherchait, ambitionnait de devenir son ami; toutefois Théodore, sans montrer de préférence marquée pour aucun de ses condisciples, n'en admit que deux ou trois dans son intimité, et parmi ceux-ci était Louis Vermont.

Il y avait pourtant un singulier contraste entre ces deux jeunes gens, contraste que Louis nous a fait connaître lui-même quand il présentait Théodore à ses parents, et que nous aurons souvent occasion de remarquer dans le cours de cette histoire. Nous ajouterons que le jeune Vermont avait été un des railleurs les plus impitoyables de la piété de Théodore. Mais celui-ci avait bientôt reconnu que les défauts de Louis venaient plutôt de la légèreté de sa tête que d'un mauvais cœur. Il avait trouvé en lui d'excellentes qualités, que malheureusement le défaut d'éducation, surtout de la première éducation, n'avait pas développées. Tout le monde, se disait-il, n'a pas le bonheur d'avoir eu une mère comme la mienne, et si celle de Louis lui eût ressemblé, le pauvre garçon serait probablement bien différent de ce qu'il est.

En effet, M^{me} Vermont était bien loin de ressembler à M^{me} de Cerny. Sans doute elle aimait son fils autant que celle-ci aimait le sien ; mais elle l'aimait d'une autre manière. M^{me} Vermont était une brave et digne femme, dont l'éducation avait été complétement négligée; si elle ne manquait pas de piété, cette piété n'était ni éclairée ni fervente, et ne consistait guère qu'en certaines pratiques extérieures. Pour toute éducation religieuse, elle avait appris à son fils quelques formules de prières, qu'elle lui faisait réciter comme à un perroquet; encore, si cela paraissait ennuyer Louis, elle ne se montrait pas trop exigeante, et attendait qu'il fût mieux disposé. Du reste, elle trouvait admirable tout ce que faisait Louis, et ses défauts mêmes lui paraissaient des qualités. En un mot, M^{me} Vermont avait fait de son fils ce qu'on appelle un enfant gâté, dans toute l'acception du mot.

M. Vermont, tout occupé des affaires de son

commerce, ne s'était en rien mêlé de ces détails d'intérieur. Quand Louis eut atteint l'âge de dix ans, on songea à le mettre en pension. L'oncle Boulard, qui connaissait le proviseur du lycée de Reims, proposa de le placer dans cet établissement, en ajoutant qu'il le recommanderait particulièrement au proviseur, et à un riche banquier, son correspondant dans cette ville. A compter de cette époque, M. et M^{me} Vermont s'occupèrent moins encore qu'ils ne l'avaient fait jusque-là de l'éducation de leur enfant. Ils pensaient avoir accompli tous leurs devoirs à cet égard, quand ils avaient payé régulièrement sa pension; c'était aux maîtres et aux professeurs salariés pour cela de faire le reste. Si dans les notes qu'on lui envoyait régulièrement tous les trimestres M. Vermont remarquait que son fils faisait peu de progrès dans ses classes, parfois il s'en étonnait en disant : « Je ne conçois rien à cela ; cependant je ne suis jamais en retard pour le paiement de sa pension. » D'autres fois il s'en consolait par cette réponse judicieuse : « Bah ! Louis n'a pas besoin d'être si savant en latin et en mathématiques pour faire le commerce des blés et des farines, ou bien celui du fer forgé et de la fonte, s'il entre dans les affaires de son oncle, comme celui-ci en a manifesté l'intention. Je ne sais pas un mot de latin et de mathématiques, ce qui ne m'a pas empêché de conduire assez bien ma barque jusqu'ici ; et mon beau-frère, qui sait à peine l'orthographe, a mieux fait encore que moi ses affaires, car il est aujourd'hui deux ou trois fois millionnaire. Sa fille sera le plus riche parti de la Champagne et de la Bourgogne, et, si nos projets se réalisent, Boulard ne demandera pas à Louis un diplôme de bachelier pour lui donner Estelle en mariage. »

Théodore s'était attaché à Louis, comme nous l'avons dit, parce qu'il avait remarqué en lui le germe d'excellentes qualités, qui ne demandait qu'à être développé. Il résolut d'entreprendre cette tâche, et, s'il n'y réussit pas complétement, il y parvint du moins en partie. Il s'attacha surtout à rectifier ses idées en matière de religion, et il eut l'art de se faire écouter avec intérêt par cet étourdi qui n'écoutait jamais les leçons de ses maîtres. Il est vrai que Théodore déguisait ses instructions sous les formes les plus variées et qui n'avaient jamais l'air d'être des leçons. Cependant elles firent une assez profonde impression sur Louis; elles le portèrent souvent à réfléchir, lui qui ne réfléchissait jamais. Alors il demandait à son ami des explications que celui-ci s'empressait de lui donner, ou bien il lui présentait des objections que Théodore réfutait aisément.

Peut-être, avec le temps, Théodore eût-il obtenu un succès plus complet. Mais au commencement de 1811, plusieurs anciens élèves du lycée dont les uns sortaient de l'école de Saint-Cyr, les autres arrivaient de l'armée avec des grades de sous-officiers et même d'officiers, vinrent visiter leurs anciens camarades. Cette apparition tourna toutes les têtes, et plusieurs jeunes garçons de dix-sept à dix-huit ans formèrent le projet de s'engager immédiatement. Louis Vermont était du nombre, et, malgré les représentations de son ami Théodore et de sa famille, nous avons vu qu'il effectua son projet.

Théodore de Cerny, après le départ de son ami, ne resta au lycée de Reims que jusqu'aux vacances de l'année 1811. Au mois de novembre de la même année, son père l'envoya à Paris suivre les cours de droit. Il espérait bientôt venir l'y rejoindre avec sa famille ; car il venait enfin d'obtenir sa nomination à une place de conseiller à la cour impériale de Paris. Il pourrait donc veiller sur les nouvelles études de son fils comme il avait veillé sur son instruction classique, et cette perspective souriait agréablement à son cœur. Elle souriait également au cœur de M$^{me}$ de Cerny, qui tremblait de voir son fils seul et sans guide au milieu des dangers de cette grande ville.

Enfin la nomination officielle parut au *Moniteur*; et le lendemain M. de Cerny en reçut la confirmation par une dépêche ministérielle. Il partit aussitôt pour Paris, commença par arrêter un logement convenable dans un quartier également rapproché du Palais et de l'École de droit, puis revint chercher sa femme et sa fille, et bientôt toute la famille se trouva installée dans son nouveau domicile.

Trois mois s'étaient à peine écoulés depuis que M. de Cerny occupait ses nouvelles fonctions, lorsqu'il tomba gravement malade d'une fluxion de poitrine. Après quinze jours de souffrances, malgré les soins assidus de sa femme et de ses enfants, malgré l'art des médecins les plus habiles de la capitale, il mourut.

Nous n'essaierons pas de peindre la douleur de cette famille, on la concevra aisément; mais ce que nous ne pouvons passer sous silence, c'est l'embarras pénible dans lequel elle se trouva jetée par suite de ce funeste événement. Nous l'avons déjà dit : M. de Cerny, depuis son retour de l'émigration, ne jouissait que d'une fortune fort modique; son traitement comme président du tribunal de Reims n'était pas très-élevé; cependant il avait fallu, comme premier magistrat de cette ville, tenir un certain rang, avoir une certaine représentation. Ajoutons que M. de Cerny, sans doute par réminiscence de son ancienne fortune, avait conservé le goût de la dépense. Il est vrai que ce goût était tempéré par l'ordre exact que Mme de Cerny avait établi dans sa maison; mais, malgré cet ordre et son économie, tous les revenus provenant de la place de son mari et de leur petit patrimoine étaient dépensés chaque année. Heureux encore quand on arrivait, selon l'expression vulgaire, à *joindre les deux bouts;* mais souvent, à la fin de l'année, la balance des déboursés l'emportait sur celle des recettes, et il fallait de la part de M$^{me}$ de Cerny des prodiges pour rétablir l'équilibre. Le déplacement qui avait eu lieu par suite de la nomination de M. de Cerny à la cour de Paris avait occasionné des frais qui avaient rompu cet équilibre d'une manière notable. Il est vrai que l'on comptait pour le rétablir sur l'augmentation apportée au budget de la famille par le traitement du nouvel emploi qu'occuperait M. de Cerny; mais, d'un autre côté, les dépenses étaient plus considérables à Paris qu'en province, et il eût fallu bien du temps et de l'économie pour rentrer dans une situation normale. Puis voilà que la mort inopinée du chef de famille venait aggraver d'une manière accablante cette situation déjà si embarrassée.

Quand M$^{me}$ de Cerny fut un peu remise de la crise douloureuse causée par la perte de son mari, elle se mit courageusement à envisager cette situation sous toutes ses faces, et à chercher les moyens les plus prompts et les plus efficaces pour y remédier. Réduite maintenant aux modestes revenus de son patrimoine, à peine suffisants pour la faire vivre elle et ses deux enfants, elle se trouvait encore chargée de dettes assez lourdes résultant de son installation à Paris, de l'acquisition d'un mobilier nécessaire pour garnir leur nouvel appartement, des frais de maladie de son mari, etc. Elle commença immédiatement par donner congé de l'hôtel qu'ils occupaient ; puis elle vendit la plus grande partie de son mobilier, ne se réservant que le strict nécessaire pour elle et ses enfants. Elle loua ensuite un modeste appartement dans le voisinage du Luxembourg, sur la paroisse Saint-Sulpice, et par conséquent à portée de l'École de droit.

Cette vente et ces réformes avaient éteint une grande partie de ses dettes, et elle obtint un délai pour le reste moyennant une hypothèque qu'elle donna sur son patrimoine.

Malheureusement ces expédients n'étaient qu'un palliatif. La pauvre veuve voyait avec effroi que, quand il faudrait rembourser cette dette, elle serait forcée de vendre ou de laisser exproprier le patrimoine lui-même ; car les revenus de son bien lui suffiraient à peine jusque-là pour parer aux dépenses de première nécessité et payer les intérêts de sa dette. Cependant elle renfermait son chagrin en elle-même et n'avait garde d'en faire part à ses enfants, de peur de les affliger inutilement. Sa fille Angèle, qui voyait la tristesse de sa mère, l'attribuait uniquement à la perte récente qu'ils avaient faite, et elle s'efforçait par les plus tendres caresses de la consoler, ne se doutant pas que sa mère eût un autre sujet de peine. Mais son frère, plus âgé et plus instruit, était plus clairvoyant. Il connaissait les affaires de la famille, et il avait deviné la cause réelle de la nouvelle affliction de sa mère. Il comprit le motif de son silence envers sa sœur et lui ; mais par délicatesse il n'en témoigna rien, pour ne pas ôter à cette bonne mère l'illusion qu'elle s'était faite de laisser ignorer à ses enfants une partie de ses chagrins.

Il avait repris tristement le chemin de l'École de droit, cherchant dans son esprit le moyen de venir en aide à sa mère et à sa sœur. Cette pensée l'absorbait en entier, et le plongeait dans de profondes rêveries. J'ai dix-neuf ans, se disait-il ; à mon âge il y a des ouvriers qui gagnent leur vie et aident leurs parents ; et moi je suis et je serai longtemps encore à la charge de ma pauvre mère ! Il faut à tout prix trouver un moyen de sortir de cette pénible position. Mais il avait beau réfléchir, calculer, chercher ce moyen, il ne le trouvait pas.

Pendant qu'il était plongé dans ces réflexions, un événement imprévu vint y faire diversion, et jeter son esprit dans un nouveau courant d'idées. Le tirage au sort de la classe de 1813 fut décrété par avance d'un an. Cette mesure extraordinaire, qu'expliquaient les guerres gigantesques soutenues alors par la France en Espagne et en Russie, causa une vive émotion dans les familles dont les enfants étaient atteints par la nouvelle loi de conscription. Théodore appartenait à cette classe, et, quoiqu'il fût exempt en raison de sa qualité de fils aîné de veuve, Mᵐᵉ de Cerny n'en fut pas moins alarmée. Elle savait que souvent, en cas de nécessité, on revenait sur des exemptions de cette nature, et jusqu'au jour de l'appel définitif des conscrits elle fut dans des transes d'autant plus vives, qu'au tirage Théodore avait amené le numéro 9. Il est vrai qu'à cette époque les derniers numéros comme les premiers étaient souvent appelés. Enfin, après bien des démarches, elle obtint l'assurance que son fils ne ferait pas partie du contingent, et qu'il jouirait de la faveur accordée aux fils de veuves.

« Dieu soit loué ! s'écria-t-elle en apprenant cette heureuse nouvelle à son fils, Dieu soit loué ! car il nous a pris en pitié, et il m'eût été bien difficile de te racheter; cependant j'en aurais fait le sacrifice, pour ne pas te faire manquer ton avenir.

— Et moi, ma mère, je ne l'aurais pas souffert. Je sais à quel point vous êtes gênée; un pareil dévouement vous eût réduite à la misère, et la seule pensée que j'en eusse été la cause aurait empoisonné chaque jour de ma vie. »

Mᵐᵉ de Cerny fut frappée de l'air de fermeté et de résolution avec lequel Théodore prononça ces paroles. Elle n'était pas accoutumée à entendre son fils exprimer d'une manière aussi absolue une volonté contraire à la sienne; cependant le motif qui le faisait parler ainsi prenait sa source dans un sentiment de tendresse filiale trop louable pour qu'elle pût s'en offenser; d'ailleurs, au fond, il n'avait fait que constater un fait malheureusement trop vrai, en disant que son rachat les eût réduits à un état de gêne voisin de la misère. En effet, le revenu de Mme de Cerny, provenant de deux petites fermes qu'elle avait en Bourgogne, atteignait à peine le chiffre de dix-huit cents francs, et il y avait souvent des retards dans ses rentrées. Ce revenu était grevé d'une rente perpétuelle de deux cents francs, plus des intérêts d'une somme de huit mille francs (soit quatre cents francs), pour laquelle elle avait consenti l'hypothèque dont nous avons parlé; ces intérêts et cette rente réduisaient donc ces ressources en réalité à la somme de douze cents francs, et il fallait des prodiges d'économie et d'ordre pour pouvoir satisfaire aux dépenses qu'entraînaient la nourriture et l'entretien de trois personnes, le paiement du loyer, les frais d'inscription et d'examen de Théodore, etc. Il est évident que, si sur une fortune aussi modique il eût fallu prendre encore le prix d'un remplaçant (prix qui ne s'élevait pas alors à moins de six mille francs), c'était réduire de trois cents francs un chiffre déjà bien médiocre : comment donc eût-il été possible avec neuf cents francs de satisfaire à des dépenses pour lesquelles un revenu de douze cents francs pouvait à peine suffire?

Voilà ce que comprenait parfaitement Mme de Cerny;

seulement elle était étonnée que son fils parût si bien au courant de ses affaires, dont elle ne lui avait jamais parlé, par le motif que nous avons indiqué. Elle sentait toutefois que le moment allait bientôt arriver de montrer moins de réserve envers un jeune homme doué d'une haute raison, et capable peut-être de lui donner d'utiles conseils. Cependant elle ne jugea pas encore à propos d'entrer dès lors dans des confidences de cette nature. Elle se contenta de répondre à l'observation de son fils : « Nous n'eussions pas été réduits à la misère, comme tu le dis; d'ailleurs la Providence y aurait pourvu. Mais à quoi bon nous embarquer dans des suppositions qui probablement ne se réaliseront pas? Ce que nous avons de mieux à faire pour le moment, c'est de remercier Dieu, l'appui des veuves et le père des orphelins, qui, ainsi que je le disais tout à l'heure, a daigné jeter sur nous un regard de pitié. »

Théodore répondit simplement : « Vous avez raison, ma mère. » La conversation en resta là; les choses poursuivirent dans la famille de Cerny leur marche accoutumée, et plusieurs mois se passèrent avant que le sujet de cet entretien fût repris entre la mère et le fils.

## CHAPITRE III

LA PRIÈRE A L'ÉGLISE SAINT-SULPICE

Nos lecteurs n'ont pas oublié que les faits dont nous venons de parler se passaient en 1812, à l'époque où s'accomplissait la gigantesque et désastreuse campagne de Russie. M<sup>me</sup> de Cerny, uniquement occupée de ses enfants et des soins intérieurs de son petit ménage, n'avait pas le temps de songer à la politique, et s'intéressait peu à la marche de nos armées à travers l'Allemagne et la Pologne, et à l'invasion de l'empire russe. Son fils, tout en se livrant avec zèle à ses études de droit, était moins indifférent aux grands événements qui remplissaient alors l'Europe entière d'espérance pour les uns, de crainte pour les autres, et d'ardente curiosité pour tous. Il avait lu avec un vif intérêt le récit de ces combats de géants, et suivi la marche de nos armées victorieuses depuis les bords du Niémen jusqu'à Moscou. Mais voilà bientôt que la victoire, infidèle à nos aigles, menace de les abandonner. Vers la fin de l'automne circulent les bruits les plus sinistres : c'est l'incendie de Moscou, c'est la retraite de notre armée au milieu d'un hiver rigoureux et d'obstacles de tout genre. D'abord ce sont des rumeurs vagues, exagérées peut-être, peut-être au-dessous de la vérité. Le silence du gouvernement laisse le champ libre à toutes sortes de conjectures. Enfin ce silence est rompu par le célèbre 29e bulletin, qui laissait suffisamment entrevoir une partie de la vérité; et bientôt ce bulletin lui-même est cruellement commenté par la correspondance des officiers et des soldats avec leurs familles. On peindrait difficilement la douleur et la consternation que ces funestes nouvelles répandirent dans toute la France. Cette fois M<sup>me</sup> de Cerny ne fut pas indifférente comme elle l'avait été auparavant. Son cœur s'attendrit en pensant aux angoisses de tant de mères qui ignoraient le sort de leurs enfants, ou qui pleuraient leur fin déplorable. Par un retour sur elle-même, elle songeait à ce qu'elle aurait eu à souffrir si son fils eût fait partie de cette fatale expédition. Puis elle remerciait Dieu de ce qu'au moins un pareil malheur n'était plus à craindre pour elle. Mais ce malheur n'était-il réellement plus à appréhender? Ce doute affreux pénétra dans son âme quand elle apprit le retour de l'empereur à Paris, et que le bruit se répandit d'une nouvelle levée de cinq cent mille hommes destinée à réparer les pertes occasionnées par la guerre de Russie et se mettre en état de tenir tête, dans la campagne prochaine, aux troupes coalisées, d'autant plus fières d'un succès inespéré, qu'il n'était pas leur ouvrage, et qu'ils l'attribuaient à l'intervention du Dieu des armées, qui se prononçait évidemment en leur faveur.

Ces bruits de nouvelles levées n'étaient que trop vrais. Bientôt la conscription de 1814 fut décrétée par avance, comme l'avait été celle de 1813 ; les cohortes de la garde nationale mobile, qui dans l'origine ne devaient servir qu'à l'intérieur, allaient être appelées à faire partie de l'armée active ; enfin il était question de rappeler cent mille hommes sur les classes antérieures. Cette fois Théodore échapperait-il comme la première fois? Il était permis d'en douter, quand on voyait chaque jour des jeunes gens ayant satisfait plusieurs fois aux lois de la conscription, forcés de quitter leurs foyers et de partir comme soldats.

Ces tristes pensées jetaient M^me de Cerny dans des transes continuelles ; elle n'osait faire part de ses craintes à son fils, de peur de lui entendre manifester une seconde fois l'intention formelle de répondre à l'appel, et de ne pas souffrir que sa mère lui achetât un remplaçant.

Bientôt un autre sujet d'inquiétude et de douleur vint accabler la malheureuse veuve. Le terme du remboursement de sa dette de huit mille francs allait échoir ; le créancier, qui dans le principe avait promis *verbalement* à M<sup>me</sup> de Cerny de ne pas exiger le remboursement du capital si elle payait exactement les intérêts, était revenu sur sa promesse ; il lui écrivit pour la prévenir qu'elle eût à se mettre en mesure de lui rembourser à échéance le montant de son obligation, capital, intérêts et frais, sans quoi il se verrait contraint, à son grand regret, d'exiger son dû par les voies légales. Il daignait s'excuser ensuite, en disant qu'il était forcé, bien malgré lui, d'agir ainsi, parce que lui-même était obligé de faire face à des engagements considérables, et à des remboursements qu'il ne comptait pas effectuer sitôt. « Ne vous en prenez donc pas à moi, Madame, disait-
« il en terminant d'un air qu'il s'efforçait de rendre
« aimable, de la demande que je vous adresse bien
« à contre-cœur ; prenez-vous-en au malheur des
« temps où nous vivons, qui font resserrer toutes
« les bourses, rendent les capitaux plus rares et les
« capitalistes plus prudents. »

Cette fois M<sup>me</sup> de Cerny se décida à montrer cette lettre à Théodore, et à avoir avec lui un entretien sérieux sur l'état de ses affaires. Théodore témoigna chaleureusement à sa mère combien il était honoré et touché de sa confiance. « Mais, ajouta-t-il, je ne me reconnais pas assez de lumières en pareille matière pour me croire en état de vous conseiller utilement. Si vous me le permettez, je m'adresserai au père d'un de mes camarades de l'École de droit, un des premiers notaires de Paris, renommé pour son habileté dans les affaires et pour sa sévère probité. »

La mère y consentit : elle accompagna son fils chez l'homme de loi, qui après un examen attentif de la question ne donna pas à la veuve une réponse bien rassurante. « Votre créancier, lui dit-il, a malheureusement raison, quand il vous dit que dans ce moment l'argent devient de plus en plus rare et les capitalistes plus défiants. Dans tout autre temps je vous aurais dit : Ne vous inquiétez pas de sa demande, je vais vous trouver la somme que vous devez aux mêmes conditions et pour un terme beaucoup plus éloigné ; mais aujourd'hui tous les fonds déposés chez moi ont été retirés, et il en est à peu près de même chez tous mes confrères.

— Hélas ! que faire ? s'écria la veuve. Dois-je mettre en vente ma propriété, ou la laisser exproprier ?

— Ce serait un moyen désastreux, reprit le notaire ; car les propriétés ont maintenant aussi beaucoup perdu de leur valeur. Ainsi la vôtre, qui vous rapporte dix-huit cents francs, en vaudrait, dans un autre temps, de quarante-cinq à cinquante mille; aujourd'hui vous en trouveriez à peine trente mille francs, surtout quand on saurait que vous êtes forcée de la vendre. Une expropriation produirait encore moins, à cause des frais énormes qui accompagnent ces sortes de procédures. Je vous ferai remarquer enfin qu'en cas soit de vente, soit d'expropriation, le capital de la petite rente dont votre propriété est grevée deviendrait immédiatement exigible. Ainsi vous auriez huit mille francs à rembourser d'un côté, quatre mille d'un autre; ce qui réduirait votre avoir à dix-huit mille francs au plus, en supposant que la vente de votre patrimoine s'élevât à trente mille francs; encore là-dessus je ne compte pas les frais que vous auriez à supporter s'il y avait expropriation. Maintenant le seul parti que vous ayez à prendre, c'est de tâcher d'obtenir de votre créancier le délai qu'il vous avait promis verbalement dans l'origine. Je sonderai moi-même les dispositions de cet homme; il doit venir à mon étude afin de réaliser un prêt de huit mille francs qu'il fait à un père de famille pour l'achat d'un remplaçant militaire.

— Comment! s'écria Théodore, huit mille francs pour un remplaçant! Je croyais que ce n'était que six mille.

— Oui, c'était le prix d'il y a deux à trois mois;

mais aujourd'hui il faut parler de huit mille francs au moins ; car il y en a qui se paient neuf et même dix mille francs ; et si les choses continuent, ces prix pourront bien encore augmenter. Au reste, ce sont à peu près les seules affaires que nous fassions maintenant ; et sans les remplacements militaires, nous passerions quelquefois des journées entières sans avoir un acte à recevoir. »

Cette réponse du notaire à l'observation de Théodore frappa de stupeur M$^{me}$ de Cerny. Elle oublia un instant le motif de sa visite à l'officier ministériel, et toutes ses pensées se reportèrent sur la possibilité du rappel de son fils. « Oh! mon Dieu! s'écria-t-elle comme se parlant à elle-même, si mon pauvre Théodore allait être rappelé, que deviendrions-nous ? Comment ferais-je, au milieu de tant d'embarras, pour lui procurer un remplaçant ?

— Ma mère, reprit Théodore, ne vous tourmentez pas d'avance d'une éventualité qui peut-être ne se réalisera pas. Songeons d'abord à terminer l'affaire qui nous a amenés chez Monsieur ; et, puisqu'il veut bien avoir la bonté de faire la démarche qu'il nous a conseillée, attendons la réponse avant de nous occuper d'autre chose. Quand pensez-vous, Monsieur, continua-t-il en s'adressant au notaire, pouvoir nous faire connaître cette réponse ?

— Après-demain matin, vers onze heures, passez à mon étude, et je crois qu'alors nous saurons à quoi nous en tenir sur les intentions de votre créancier. »

La mère et le fils saluèrent l'officier ministériel, et se retirèrent le cœur plein d'anxiété. Ils marchèrent longtemps en silence, craignant de se communiquer leurs pensées. Enfin, arrivés sur la place Saint-Sulpice, M$^{me}$ de Cerny dit à Théodore : « Mon ami, entrons dans l'église et prions ; invoquons le secours de la sainte Vierge : elle est la mère des affligés, elle ne nous abandonnera pas. Demandons à Dieu par son intercession de nous aider, de nous éclairer de ses lumières et de nous donner les conseils les plus utiles dans notre pénible situation. Les conseils de Dieu, mon enfant, valent mieux que ceux des hommes les plus savants et les plus sages.

— Oui, ma bonne mère, vous avez raison, dit Théodore en pressant affectueusement contre son cœur le bras de sa mère passé sous son bras gauche ; allons prier, nous trouverons dans la prière consolation et inspiration salutaire. »

Ils allèrent s'agenouiller au pied de l'autel de la sainte Vierge, et y restèrent plus d'une heure plongés dans une fervente oraison et dans une profonde méditation.

Si quelqu'un les eût remarqués quand ils se dirigeaient vers l'église, et les eût observés de nouveau à leur sortie, il eût été frappé du contraste que présentait leur physionomie à ces deux moments si peu éloignés l'un de l'autre. En entrant à l'église, M^me de Cerny baissait la tête, comme accablée sous le poids de la douleur et de l'inquiétude ; ses yeux, mouillés de larmes, regardaient, pour ainsi dire sans les voir, les objets qui l'environnaient. En sortant, son visage avait repris sa sérénité ; l'accablement de la douleur avait fait place à une douce résignation : il était facile de voir que Dieu avait murmuré à son cœur de douces paroles de consolation. Mais la différence était encore plus marquée chez le fils.

Jusqu'au moment où sa mère lui avait proposé d'aller au pied de l'autel, il était aussi triste, aussi abattu qu'elle ; il roulait dans sa tête mille pensées, mille projets impossibles, dans l'espoir de trouver un moyen de se tirer de peine ; et rien ne se présentait à son esprit, et la solution qu'il cherchait semblait s'éloigner de plus en plus. A peine était-il hors du saint lieu, que ses yeux brillèrent d'un nouvel éclat ; sa figure était rayonnante ; son front, auparavant plissé par l'étude du problème à résoudre, s'était déridé et avait repris son calme habituel. Il éprouvait cette satisfaction naturelle à l'homme qui a rencontré enfin ce qu'il cherchait avec ardeur ; et il eût pu s'écrier comme Archimède : *Euréka!* (J'ai trouvé!) C'est qu'effectivement il avait trouvé dans la prière non-seulement des consolations, mais une inspiration qu'il regardait comme envoyée du Ciel pour délivrer sa mère d'une bonne partie de ses inquiétudes, et assurer au moins son avenir. Sa résolution avait été prise aussitôt, résolution ferme, inébranlable, et il n'attendait plus que l'instant favorable pour la mettre à exécution.

M$^{me}$ de Cerny s'aperçut facilement du changement survenu chez son fils ; mais comme elle-même avait éprouvé un grand soulagement dans la prière, elle pensa qu'il en était de même de Théodore, et elle lui dit : « N'est-ce pas, mon enfant, que, quand on a des peines, rien ne fait autant de bien que de les déposer au pied de la croix? On est toujours sûr d'y trouver courage et consolation. Pour moi, je me sens beaucoup plus tranquille que je ne l'étais tout à l'heure, et j'espère plus que jamais dans le secours de la Providence.

— Et moi, reprit vivement Théodore, j'ai presque la certitude que votre espérance ne sera pas trompée. »

Le reste de la journée et le lendemain se passèrent sans aucun incident nouveau. M$^{me}$ de Cerny conservait le calme et la résignation qu'elle avait puisés aux pieds de la sainte Vierge, et elle cherchait à l'entretenir par de fréquentes prières. Théodore était moins soucieux que les jours précédents, quoiqu'il fût absorbé par une grande préoccupation.

Enfin, à l'heure fixée pour le rendez-vous, Théodore se présenta chez le notaire. L'homme de loi, en le voyant entrer, lui dit d'un ton triste : « Monsieur de Cerny, j'ai de mauvaises nouvelles à vous apprendre. Votre créancier s'est montré impitoyable; il exige à toute force son remboursement; et tout ce que nous avons pu obtenir de lui, c'est un délai de quinze jours, passé lequel il fera un commandement et procèdera à la saisie. Il ne reste plus à madame votre mère, pour éviter une expropriation, que de mettre elle-même immédiatement son domaine en vente, et de tâcher d'en tirer le plus possible. Je ne vois pas d'autre moyen de sortir de cette impasse.

— Je crois, Monsieur, répondit Théodore avec sang-froid, en avoir trouvé un autre.

— Et quel est-il? s'écria le notaire étonné.

— Monsieur, continua sur le même ton le jeune de Cerny, je m'étais attendu à la réponse de notre créancier, et depuis avant-hier j'ai cherché un moyen de parer le coup funeste qu'il veut nous porter. Je crois, comme je viens de vous le dire, l'avoir trouvé; seulement j'ai besoin de votre concours pour mettre à exécution le projet que j'ai formé, et j'espère que vous voudrez bien me l'accorder.

— Certainement, Monsieur, vous pouvez compter sur moi; je m'estimerais fort heureux de pouvoir être utile à une famille dont le chef a laissé de si honorables souvenirs dans la magistrature, et dont vous vous préparez d'une manière si distinguée à suivre les traces. Voyons, quel est ce projet ?

— Il est fort simple : vous nous avez dit avant-hier que le prix actuel des remplacements est de huit mille francs au moins. C'est le montant de la dette de ma mère. Je suis exempt par la loi, comme fils aîné de veuve; mais j'ai le droit de m'engager volontairement, ou de remplacer, si je le préfère : eh bien! j'ai résolu de prendre ce dernier parti. Le prix de mon remplacement suffira pour désintéresser notre impitoyable créancier ; ma mère n'aura plus à redouter l'expropriation de son bien, ni à payer quatre cents francs d'intérêts, charge bien lourde pour elle. Elle n'aura plus à sa charge que la petite rente de deux cents francs, dont on ne pourra plus exiger le remboursement en principal ; et ainsi elle jouira d'un revenu net de seize cents francs, bien modique sans doute, mais suffisant, avec ses goûts modestes, pour la faire vivre honorablement avec ma sœur. »

Le notaire avait écouté avec attention et intérêt le jeune de Cerny. Sa parole grave, sérieuse, convaincue, lui fit juger sur-le-champ que ce jeune homme n'avait pas formé légèrement ce projet, et dans un moment d'exaltation où la réflexion était impossible. Cependant, pour s'assurer s'il avait bien médité son projet, si c'était sérieusement qu'il voulait le mettre à exécution, il lui fit quelques objections propres à éclairer les doutes que pouvait encore éprouver l'homme de loi.

« Votre résolution, lui dit-il, est noble et généreuse, j'en conviens : elle vous conduit bien directement au but que vous vous proposez d'atteindre, c'est-à-dire d'arrêter les poursuites dont madame votre mère est menacée. Mais, dites-le-moi, mon jeune ami, l'avez-vous bien méditée? et, avant tout, avez-vous le consentement de cette bonne mère? »

Ici, sans répondre, Théodore fit d'abord un signe négatif en poussant un profond soupir; puis il ajouta à voix basse : « Elle ignore complétement mon projet.

— Je m'en doutais, reprit le notaire; cependant votre intention n'est pas de lui en faire un mystère?

— Non; seulement je désirerais qu'une personne grave, comme vous, Monsieur, par exemple, lui expliquât les motifs qui m'ont déterminé. Je pourrais sans doute et devrais le faire moi-même; mais, en présence de sa douleur, je sens que je n'aurais pas le courage de lui parler le froid langage de la raison, tandis qu'elle me répondrait avec le langage du cœur.

— Je me charge volontiers de cette mission; mais auparavant, dites-moi, avez-vous bien réfléchi que vous alliez abandonner une carrière à laquelle votre famille vous destinait, pour en prendre une pleine de périls et de fatigues, et pour laquelle vous n'avez probablement ni goût ni vocation? Avez-vous réfléchi surtout que vous entreriez dans cette nouvelle carrière par une mauvaise porte? car vous ne devez pas ignorer qu'un remplaçant n'est pas ordinairement vu de très-bon œil dans un régiment. Qu'on soit militaire parce que le sort vous a appelé à cet état, ou parce qu'on s'est volontairement engagé, rien de mieux : c'est la règle commune; mais qu'on entre au service pour remplacer à prix d'argent un homme riche qui s'exempte ainsi des travaux et des dangers de la guerre, et pour se faire tuer à sa place, cela a quelque chose qui répugne à nos mœurs, quelque chose de peu flatteur, en un mot, et pour celui qui paie et pour celui qui est payé.

— Oh! Monsieur, s'écria Théodore en rougissant à ces paroles, et en jetant sur le notaire un regard où se peignait le sentiment de la dignité offensée, avez-vous pu imaginer?...

— Permettez, interrompit l'homme de loi, que je vous explique ma pensée. A Dieu ne plaise que j'aie eu l'idée de vous comparer à ces soldats mercenaires qui se vendent par cupidité, ou pour dévorer dans la débauche l'argent que leur a procuré cette vente! Le motif qui vous anime est trop noble et trop pur pour qu'il puisse y avoir la moindre comparaison entre vous et les mercenaires dont je parle; mais dans une affaire aussi grave, aussi importante que celle que vous projetez, j'ai dû vous montrer la question sous toutes ses faces, et probablement sous une de celles que vous n'aviez pas envisagées. Ainsi il pourrait arriver que vos camarades de régiment, ignorant la cause honorable qui vous aurait forcé à devenir remplaçant, n'eussent pas pour vous l'estime qui vous serait due s'ils connaissaient cette cause.

— Monsieur, répondit Théodore après quelques instants de réflexion, ce que vous venez de me dire serait seul capable d'ébranler ma résolution, si je ne la regardais pas comme une nécessité absolue de ma situation. Sans doute je ne demanderais pas mieux que de pouvoir suivre la carrière à laquelle me destinait ma famille; mais, maintenant que vous connaissez nos ressources, je n'ai pas besoin d'employer de longs arguments pour vous démontrer l'impossibilité où je suis de poursuivre même les études préliminaires donnant entrée à cette carrière. En effet, quand ma mère aura subi l'expropriation dont elle est menacée, il est évident que ses revenus amoindris seront insuffisants pour nous faire vivre ; on en viendra à entamer le capital, jusqu'à ce que j'aie obtenu un emploi assez rétribué pour venir en aide à cette bonne mère; mais, avant d'en arriver là, j'aurai à passer trois ans à l'École de droit, ayant à supporter les frais des inscriptions, des examens et des diplômes.

« Mon droit terminé, il me faudra encore deux à trois ans de stage pour exercer la profession d'avocat, si j'entre dans le barreau, ou le même temps comme juge-auditeur (non rétribué), si je veux entrer dans la magistrature : c'est donc au moins cinq à six ans encore que j'ai à rester à la charge de ma mère : charge ruineuse pour elle, qui serait obligée de sacrifier ainsi tout son avoir pour mon établissement, sans rien réserver pour ma sœur, qui a pourtant autant de droits que moi dans la part des biens de la famille. Si encore après ces six ans d'attente j'obtenais un emploi lucratif, dont les émoluments fussent capables de dédommager ma mère et ma sœur de tant de sacrifices, on pourrait patienter : mais quelle perspective s'offre à moi après ce dispendieux noviciat ? Une place de substitut dans quelque petite ville de province, avec neuf cents francs ou mille francs d'appointements ; ou bien, s'il me plaît de rester au barreau, j'obtiendrai par-ci par-là quelques maigres causes à plaider, qui me rapporteront encore moins.

« Ce n'est pas tout : dans cet aperçu si peu brillant de l'avenir, je suppose que les choses se passeront d'une manière régulière, sans obstacle imprévu ; mais si, ce qui n'est pas impossible par le temps qui court, je venais à être appelé au service militaire, malgré l'exemption légale dont je profite en ce moment, ou ma mère voudrait m'acheter un remplaçant, ce qui la ruinerait immédiatement et ne me permettrait même pas d'aller jusqu'à la fin de mes études, ou je partirais pour mon propre compte (ce qui arriverait certainement, car je ne souffrirais pas ce nouveau sacrifice de sa part); je serais alors soldat, sans que ma mère bénéficiât de mon nouvel état, et à la douleur de notre séparation se joindrait pour moi la cruelle pensée de ne pouvoir lui être d'aucun secours. Tandis qu'aujourd'hui, si je profite d'une liberté que je n'aurai peut-être plus demain, j'endosse l'uniforme, il est vrai, mais à la place d'un autre, et j'ai la consolation de délivrer ma mère des poursuites de son créancier, et d'assurer son avenir ainsi que celui de ma sœur.

« Une telle perspective, Monsieur, ajouta Théodore en terminant, est bien faite pour me soutenir dans les épreuves que j'aurai à subir dans la nouvelle profession que j'embrasse. D'ailleurs ces épreuves seront moins rudes que vous pouvez le supposer peut-être. Sans avoir le goût militaire, je ne me sens aucune répugnance pour le métier des armes; peut-être même aurais-je choisi cet état par entraînement, à l'exemple d'une foule de mes camarades que j'ai vus entrer gaiement dans cette carrière, et dont quelques-uns y ont fait un rapide avancement. En France, il ne faut, dit-on, que trois mois pour faire un soldat; c'est moins long, comme vous voyez, que pour faire un avocat ou un substitut, et je crois pouvoir abréger ce temps d'apprentissage par suite des connaissances que j'ai acquises au lycée, où dès mon enfance j'ai été habitué à faire l'exercice. Quant aux sarcasmes auxquels pourrait m'exposer ma qualité de remplaçant, je les supporterai patiemment en pensant à ma mère. Fort du témoignage de ma conscience, je m'efforcerai de mériter l'estime des honnêtes gens, qui me dédommagera amplement des railleries des méchants et des sots.

— Bien, très-bien, brave jeune homme! dit le notaire ému quand Théodore eut fini de parler; je sais maintenant tout ce que je voulais savoir, et je suis convaincu que votre résolution a été prise après un sage et sérieux examen. Je suis donc tout disposé à vous aider à la mettre à exécution. Cela m'est d'autant plus facile, que dans ce moment-ci plusieurs de mes clients de la province me prient de leur chercher des remplaçants à Paris, parce qu'ils n'en peuvent trouver dans leur département; je vais même faire placarder des affiches et insérer des annonces dans les journaux; mais auparavant je vais vous faire connaître ces diverses demandes, vous verrez si quelques-unes vous conviennent. »

En disant ces mots, le notaire prit dans un carton sur son bureau une liasse de lettres qu'il se mit à parcourir. « En voilà, continua-t-il, qui ne fixent aucun prix, se contentant de demander les meil-

leures conditions possibles...; mais j'ai quelque chose de plus positif. Ah! voici un riche propriétaire des environs d'Angers qui offre huit mille francs, et au besoin un *pot-de-vin* de cinq cents francs en sus; voici M. le comte de B..., qui offre d'emblée neuf mille francs, et m'autorise à aller jusqu'à dix mille; enfin voici un maître de forges de la Champagne, M. Boulard, qui m'écrit : « Mon beau-frère
« me charge de trouver un remplaçant pour son
« fils; il est disposé à le payer huit mille francs,
« somme que je vous garantis, et pour laquelle je
« vous ouvre un crédit chez MM. Laffitte et Perre-
« gaux, mes banquiers à Paris. Si cette somme est
« insuffisante, je suis prêt à y ajouter mille francs
« pour mon propre compte, et même plus, si cela
« est nécessaire. »

— M. Boulard, maître de forges en Champagne! interrompit Théodore étonné; vous dit-il le nom de ce neveu?

— Il s'appelle Louis Vermont; il s'est engagé volontairement il y a deux ans, et sa famille voudrait le retirer d'un état dont il paraît avoir assez.

— Louis Vermont! s'écria Théodore, quel heureux hasard! c'est un de mes anciens camarades de lycée et de mes meilleurs amis. J'accepte sans hésiter les conditions de son père; trop heureux si le sacrifice que je vais faire de ma liberté est utile à ma mère et en même temps rend service à un ami !

— Ne précipitons rien, jeune homme, reprit froidement le notaire ; les affaires doivent se régler par la raison, et non par le sentiment. Pourquoi n'accepteriez-vous pas plutôt l'offre du comte de B..., qui est plus avantageuse que celle de M. Boulard ?

— Parce que je n'entends pas faire de mon acte de remplacement un objet de trafic et de spéculation. Mon but est de payer les dettes de ma mère, et de la sauver des griffes de cette espèce de vautour qu'on appelle un créancier ; ce but atteint, je ne voudrais pas recevoir un centime de plus, car je croirais alors mériter l'ignoble qualification de *vendu* attachée à ces hommes qui, moyennant un prix débattu ou au plus offrant, vont se faire tuer pour un autre.

— Allons, allons, dit en souriant l'officier ministériel, je vois que, si vous n'êtes pas très-fort en affaires, vous entendez parfaitement les lois de l'honneur, ainsi que les devoirs de la piété filiale et de l'amitié. Va donc pour le remplacement de Louis Vermont, votre ami ; c'est une affaire réglée, sauf toutefois le consentement de madame votre mère, que je vais tâcher d'obtenir. Attendez-moi ici ; dans une heure au plus tard je serai de retour. »

Mᵐᵉ de Cerny aimait ses enfants avec la plus vive tendresse ; mais cette affection n'était pas aveugle au point de troubler sa raison. Elle écouta le notaire avec beaucoup de calme et d'attention. Quand elle eut compris de quoi il s'agissait, la nature se révolta d'abord ; un cri partit de sa poitrine, ou plutôt de son cœur ; elle couvrit de son mouchoir sa figure inondée de larmes, et pendant quelques instants de violents sanglots soulevèrent son sein. Cette agitation dura peu ; elle essuya ses yeux, et, les levant vers une image du Christ dont sa chambre était ornée, elle parut lui adresser une courte prière mentale ; puis elle dit tranquillement au notaire : « Continuez, Monsieur. » Celui-ci développa alors avec beaucoup de lucidité et de force les raisons qui avaient déterminé son fils à prendre ce parti extrême ; elle finit par les comprendre, et elle déclara qu'elle n'y ferait aucune opposition. « Mais pourquoi, ajouta-t-elle, ne l'avez-vous pas amené avec vous ?

— Il m'attend dans mon étude. Voulez-vous venir avec moi ? Je vous offre une place dans ma voiture ; vous le verrez plus tôt, et nous pourrons ainsi terminer à l'instant notre affaire, car ces choses-là ne doivent pas traîner en longueur. Comme le disait fort bien votre fils : Je suis libre aujourd'hui ; peut-être ne le serai-je plus demain, et une décision du gouvernement me forcera d'être soldat, sans que l'amertume de ma séparation avec ma mère soit adoucie par l'idée qu'au moins en partant je la laisse à l'abri du besoin et des poursuites de ses créanciers. »

M<sup>me</sup> de Cerny monta en voiture avec le notaire, et un quart d'heure après elle se trouvait seule avec son fils dans le cabinet de l'homme de loi ; car celui-ci avait eu la délicatesse de ne pas vouloir assister à cette première entrevue. Ils se jetèrent dans les bras l'un de l'autre en pleurant, et pendant quelques minutes les sanglots étouffèrent leur voix. M^{me} de Cerny se remit la première, et, dès qu'elle put parler, elle lui demanda qui avait pu lui donner l'idée du projet dont venait de lui parler le notaire.

« Ma mère, répondit-il, je crois que c'est Dieu lui-même qui me l'a inspirée. Rappelez-vous notre visite d'avant-hier à l'église Saint-Sulpice ; eh bien, c'est là, c'est au pied des autels que cette idée s'est présentée à moi comme une inspiration d'en haut. J'ai prié, j'ai supplié la sainte Vierge et son divin fils de m'éclairer, de repousser en moi cette pensée, si c'était une tentation dangereuse, ou de m'y affermir, si c'était la volonté de Dieu ; et toujours j'entendais au fond de mon cœur une voix qui me disait, comme autrefois aux croisés : Dieu le veut ! Dieu le veut ! De ce moment ma résolution a été prise, et vous avez pu remarquer que mon âme, n'étant plus agitée par de cruelles incertitudes, avait retrouvé le calme qu'elle avait depuis longtemps perdu.

— Allons, je me soumets à la volonté de Dieu, répondit M^{me} de Cerny, et je consens au douloureux sacrifice qu'il m'impose, espérant de sa bonté qu'il me donnera la force et la résignation nécessaires pour ne pas succomber. »

En ce moment le notaire rentra, apportant les

actes qu'il venait, disait-il, de faire préparer par ses clercs. Il en donna lecture, les fit signer, et comme il allait compter l'argent à M<sup>me</sup> de Cerny et à Théodore, ils le repoussèrent l'un et l'autre avec un geste de répugnance. Puis ils prièrent le notaire de garder cette somme en dépôt, jusqu'à ce qu'ils eussent prévenu leur créancier qu'ils étaient prêts à le rembourser, et qu'il pouvait faire toucher son argent, quand il voudrait, chez M<sup>e</sup> M..., qui en était dépositaire.

## CHAPITRE IV

#### MARCHE D'UN DÉTACHEMENT DE CONSCRITS

Quelques jours après, toutes les formalités étant remplies, le créancier de Mme de Cerny étant désintéressé, Théodore se mettait en route avec un détachement de deux cents conscrits environ, appartenant presque tous au département de la Seine. Nous ne parlerons pas des adieux déchirants qui eurent lieu quand il quitta sa mère et sa sœur; ces sortes de scènes se conçoivent, et ne se décrivent pas.

Le détachement était conduit par un vieux sergent de recrutement qui comptait au moins vingt-cinq ans de service et autant de blessures; ce qui n'a rien d'étonnant, car il avait servi dans les gardes françaises, et avait fait à peu près toutes les campagnes de la république et de l'empire. Cependant il n'avait jamais dépassé le grade de sergent, auquel il était même parvenu plusieurs fois, se faisant casser aussi souvent qu'il l'avait obtenu. « Cette fois, disait-il, je le tiens solidement; ma sardine est mon bâton de maréchal de France, et bien malin qui me l'ôtera! » C'était peut-être un peu de présomption de sa part; car les mêmes causes qui l'avaient fait plusieurs fois dégrader subsistaient toujours. Il était dépourvu de toute instruction, mais passablement écornifleur et ivrogne. L'âge et les punitions l'avaient-ils corrigé, puisqu'il affirmait que désormais son galon ne serait plus détaché de la manche de son habit? Ou bien, maintenant qu'il était séparé de son régiment, qu'il n'avait plus à redouter la surveillance d'une foule de chefs fort peu disposés à endurer son humeur et ses fredaines; qu'il se regardait en quelque sorte comme chef de corps, puisqu'il était seul pour commander à des conscrits, pensait-il pouvoir se livrer impunément à ses fantaisies? C'est ce que la suite nous apprendra.

Il y avait dans le détachement deux anciens élèves tambours du lycée de Reims; tous deux, enfants de Paris, ils étaient venus tirer au sort dans leur pays natal, et partaient gaiement le sac sur le dos. Leurs camarades avaient ouvert entre eux une souscription pour leur acheter des caisses, et ils étaient heureux quand les sons qu'en tiraient les deux *tapins* faisaient accourir les badauds, qui s'étaient attendus à voir passer les soldats de la ligne.

Ces deux tambours, en voyant Théodore, l'accueillirent avec des exclamations de joie mêlées de respect. « C'est vous, major? Comment! vous êtes des nôtres? Ah! quel bonheur! au moins nous aurons un chef capable, au lieu de cette ganache de Pacoulet (c'était le nom du sergent de recrutement).

— Mais, mes amis, leur répondit Théodore, nous ne sommes plus au lycée, je ne suis plus votre sergent-major; ici nous sommes tous égaux, tous camarades, et je suis très-flatté pour mon compte de rencontrer deux anciens condisciples; appelez-moi donc simplement Cerny, comme vous, mon cher, je vous appellerai Casaubon, et vous Beauvalet. » Et, tout en les nommant, il leur prenait à chacun la main, qu'il serrait avec effusion.

« C'est égal, reprit celui qu'il avait appelé Casaubon, ça n'empêche pas que je vous regarderai toujours comme mon chef; et, du reste, vous ne tarderez pas à l'être, car on va nommer pour la route des sergents et des caporaux provisoires, et il n'est pas possible que vous ne le soyez pas un des premiers.

— C'est une fonction que je n'ambitionne pas, je vous assure; et puis, n'étant pas connu du sergent recruteur, et ne désirant nullement faire sa connaissance, je ne pense pas que son choix tombe sur moi plutôt que sur tout autre.

— Heureusement, cela ne dépend pas de lui seul:

c'est nous qui désignons nos chefs provisoires. Il est vrai que c'est lui qui les confirme; mais je ne pense pas qu'il s'avise de contrarier nos choix. D'ailleurs vous n'avez besoin de vous mêler de rien; Beauvalet et moi nous nous chargeons de l'affaire. »

En effet, les deux tambours manœuvrèrent si habilement, ou, pour me servir de leur expression, battirent le rappel avec tant d'adresse, que Théodore de Cerny fut proclamé à l'unanimité *commandant* du détachement. Le sergent Pacoulet fit d'abord quelques objections, disant qu'il n'y avait de commandant que lui; mais Casaubon, à l'aide de quelques verres d'eau-de-vie, lui fit entendre raison. « Eh! morbleu! sergent Pacoulet, qui songe à vous disputer votre rang? N'êtes-vous pas sergent-commandant officiel de notre détachement, tandis que M. de Cerny ne le sera que pour la frime. D'ailleurs ce serait une rude besogne que d'avoir à diriger seul deux cents lapins de notre espèce qui n'ont pas froid aux yeux. Vous connaissez les Parisiens : ils sont malins, taquins et rageurs en diable; du reste, bons enfants et toujours le cœur sur la main quand on ne les contrarie pas. Eh bien, M. de Cerny sera votre second, votre lieutenant; c'est à lui que vous laisserez toute la besogne, et je vous garantis qu'il s'en acquittera joliment. Il est ferré plus que bien des vieux troupiers sur l'exercice et la théorie; il connaît l'école de peloton et l'école de bataillon comme un adjudant-major; puis les écritures et la comptabilité, ah! c'est ça qu'il entend joliment! et il n'y a pas dans l'armée un quartier-maître capable de lui en remontrer. Ainsi, vous aurez probablement des écritures à faire pour le détachement, des rapports de situation à donner aux sous-inspecteurs aux revues (1) des villes par où nous passerons, et bien d'autres encore; et je pense que cette partie du service ne vous va que médiocrement.

— Ça, c'est vrai, je n'ai jamais eu assez de souplesse dans les doigts pour former proprement mes lettres, et puis cette diable d'orthographe n'a jamais pu m'entrer dans la tête. Sans cela il y a longtemps, ajouta-t-il avec un profond soupir, que le simple sergent qui vous fait celui de trinquer avec vous en ce moment s'appellerait le capitaine... ou peut-être le colonel Pacoulet... Il y a de mes anciens camarades de lit qui maintenant sont généraux de division.

— Eh bien, vous pourrez vous décharger entièrement de cette besogne sur votre second, ou sur votre lieutenant, comme vous voudrez le nommer, et je vous garantis que vous n'en recevrez que des éloges. Ainsi vous pourrez faire toute la route les mains dans

---

(1) Les inspecteurs et sous-inspecteurs aux revues étaient les mêmes fonctionnaires qui s'appellent aujourd'hui *intendants* et *sous-intendants militaires*.

vos poches, comme un bourgeois, sans vous mêler de rien ; en arrivant aux étapes, vous trouverez toujours un bon logement, et chacun des camarades se fera un plaisir de vous offrir une chopine ou un petit verre, comme celui-ci... A votre santé ! sergent-commandant, ou sergent-capitaine, si vous l'aimez mieux.

— A la vôtre ! fit le vieux sous-officier en avalant son cinquième ou sixième verre d'eau-de-vie. Oui, oui, balbutia-t-il d'une voix passablement émue par l'alcool, je vois que j'ai affaire à de bons enfants, et que l'on pourra s'entendre.

— Certainement que l'on s'entendra, mon commandant ; et je vous promets que vous aurez de l'agrément pendant la route : je ne vous dis que ça. » Et Casaubon le quitta pour aller rendre compte aux autres des dispositions où il avait laissé le sergent.

A compter de ce jour, et ceci se passait à la première étape en sortant de Paris, Théodore fut en réalité le véritable chef du détachement. Quand ses camarades le proclamèrent, et que le vétéran donna son approbation à cette élection, Théodore remercia avec chaleur ses nouveaux compagnons, déclarant qu'il acceptait avec reconnaissance les fonctions que leurs suffrages et l'assentiment de leur chef officiel lui avaient conférées ; puis il ajouta qu'il les exercerait avec zèle, avec bienveillance, mais aussi avec fermeté ; il espérait que, de leur côté, ils se conformeraient à ses avis (car rarement il donnerait des ordres); mais du jour où il s'apercevrait qu'il ne serait pas écouté, il s'empresserait de se démettre d'une charge qu'il n'avait point sollicitée, et qu'il ne tenait à exercer que dans l'intérêt général.

Tout le monde applaudit, Pacoulet lui-même, quoiqu'il n'eût pas compris un mot de la harangue. Seulement il fit observer tout bas au tambour Casaubon que le nouveau sergent commandant en second n'avait pas parlé d'*arroser ses galons*, selon l'usage. « Soyez tranquille, mon brave sergent-capitaine, répondit le *tapin*, il les arrosera crânement, je vous en réponds. »

Un des premiers actes de la nouvelle autorité de Théodore fut d'organiser le détachement, fort d'environ deux cents hommes, en cinq compagnies de quarante hommes, commandées chacune par un sergent aidé d'un fourrier et de huit caporaux. Cette organisation, approuvée par son *ancien*, comme il appelait Pacoulet, fut soumise à tous les conscrits, qui y acquiescèrent avec empressement.

Les compagnies formées, chacune d'elles procéda à l'élection de ses sergents, fourriers et caporaux, qui furent ensuite solennellement installés par le commandant Pacoulet. Cette organisation était à peu près celle qui existait alors dans les lycées, et, comme il y avait dans le détachement un grand nombre de jeunes gens qui avaient été élevés dans ces établissements, ils en comprirent parfaitement le mécanisme ; aussi le choix pour les grades de sergents et de fourriers se portèrent à peu près exclusivement sur eux.

Il y en eut cependant quelques-uns qui se montrèrent un peu récalcitrants ; c'étaient ceux qui étaient mécontents de n'avoir pas été nommés à un grade quelconque, et d'autres qui appartenaient à cette classe de gens habitués à tout contredire, à tout critiquer, et à faire partout et toujours de l'opposition quand même.

Théodore, instruit des dispositions peu favorables du petit nombre, n'eut pas l'air d'y faire attention. Le jour où s'était faite la proclamation des grades provisoires, il harangua de nouveau ses camarades, afin de leur faire comprendre les avantages qui résulteraient pour eux de cette organisation et de la discipline qu'elle établirait parmi eux.

« Nous avons, leur dit-il, vingt-quatre jours de marche avant d'être rendus à notre destination ; nous pouvons pendant ce temps-là nous exercer aux maniements d'armes et aux principaux mouvements qui composent la première école du soldat ; de sorte qu'arrivés au dépôt nous n'aurons pas à supporter les ennuis et les fatigues de ces premières manœuvres, toujours si pénibles.

— Et à quoi bon, observa un des opposants, nous imposer dès à présent cette fatigue et cet ennui ? n'aurons-nous pas tout le temps quand nous serons au régiment? et jusque-là ne vaut-il pas mieux rester libres de nos allures?

— Comme on voudra, répondit Théodore; ce n'est qu'un conseil que je donne, et s'il n'est pas approuvé de la majorité, je n'insisterai pas. Seulement je pense qu'il sera plus avantageux pour nous de nous présenter au corps comme des jeunes gens déjà pourvus d'une certaine instruction, que comme des conscrits ignorants sortant de leur village. Vous êtes tous enfants de Paris, et, à ce titre, vous avez une certaine réputation à soutenir, et vous ne devez pas être confondus avec de simples paysans. D'ailleurs ne croyez pas que ce que je vous propose vous occasionne un surcroît de fatigue; de quelque manière qu'elle s'accomplisse, votre route ne saurait être abrégée : eh bien, je soutiens qu'elle sera moins ennuyeuse, moins monotone, et par conséquent qu'elle vous paraîtra plus courte, si vous cheminez en ordre, régulièrement, plutôt que de vous traîner à la débandade ou de marcher comme un troupeau de moutons. Après tout, puisque les circonstances nous forcent à être soldats, prenons sérieusement à cœur notre nouveau métier, et tâchons de nous initier le plus tôt possible aux connaissances préliminaires qu'il exige. Dans tous les états, vous le savez, c'est l'apprentissage qui coûte le plus, et il est toujours avantageux d'abréger ce temps d'épreuve. »

Tout le monde applaudit, excepté les quelques opposants; mais ils ne trouvèrent aucune objection à présenter, et leur silence passa pour une approbation tacite. D'ailleurs, tous sans exception trouvaient leur amour-propre engagé à ne pas être confondus avec des lourdauds de village; et cette considération, que Théodore avait eu l'adresse de jeter en avant comme par hasard, fut un des plus puissants motifs qui déterminèrent l'acquiescement général. On voit que le jeune de Cerny connaissait déjà le cœur humain, dont un des plus puissants aiguillons est la vanité.

Théodore avait pris lui-même au sérieux son nouveau métier, comme il en donnait le conseil à ses compagnons. Une fois décidé à être soldat, il avait dit adieu, au moins pour un temps, peut-être pour toujours, à ses travaux habituels, et il avait repris avec ardeur l'étude des manœuvres militaires, dont il avait déjà reçu les premières notions au lycée. Accoutumé à se rendre compte, en apprenant à connaître les lois, des motifs qui avaient déterminé le législateur à formuler telle ou telle prescription, il voulut appliquer la même méthode à la théorie des divers exercices de l'infanterie, et il reconnut bientôt que les règles prescrites par les théoriciens, depuis le plus simple mouvement de l'homme isolé jusqu'aux écoles de peloton et de bataillon, avaient pour principal et même pour unique objet de faire concourir toutes les forces individuelles dont se composent les masses à un ensemble d'autant plus puissant que ce concours sera plus régulier, et que l'ensemble par conséquent sera plus parfait. C'est ainsi qu'une compagnie, un bataillon, un régiment, une brigade, une division, un corps d'armée, agissent comme un seul homme sous les ordres d'un chef, qui est l'âme de ce corps aux milliers de bras.

Théodore, pendant les marches, expliquait à quelques-uns de ses compagnons ces véritables principes de la théorie, dans un langage imagé, pittoresque, bien plus intéressant que les explications bredouillées par les instructeurs ordinaires, et qui laissait dans l'esprit de ses auditeurs un souvenir beaucoup plus durable.

Pendant la plus grande partie de la route, le temps se maintint au beau; mais le froid était assez vif, surtout le matin. Pendant la première demi-heure, Théodore faisait marcher le détachement en colonnes, puis rompre par section, par peloton; quelquefois, si l'on rencontrait une montée, il faisait battre la charge, et nos conscrits s'élançaient avec ardeur jusqu'au sommet, où ils arrivaient essoufflés, et en poussant des hourras de triomphe, comme s'ils avaient enlevé une redoute ennemie.

Après la première halte, la troupe se mettait sur deux longues files de chaque côté de la route; c'était ce qu'on appelait la récréation; on marchait à volonté, sans être tenu d'*emboîter* le pas, comme au départ. Alors un des conscrits entonnait une chanson, dont le refrain était répété par tous les autres; un autre chanteur succédait au premier, puis ce passe-temps durait pendant une partie du chemin. Malheureusement ces chansons, dépourvues pour la plupart d'esprit et de sel, étaient remplies d'obscénités les plus crues ou de grossières impiétés. Théodore en était vivement contrarié; il eût bien désiré pouvoir faire cesser ces chants aussi honteux que ridicules; mais il n'osa le tenter en vertu de son autorité, car il savait pertinemment qu'il y échouerait. Il essaya toutefois de guérir ce mal, en employant ce que les médecins nomment un *dérivatif*. Un jour, il appela les principaux chanteurs, et leur dit : « Savez-vous, camarades, que vous avez de fort belles voix?

— Vous comprenez, major, répondit l'un d'eux (remarquons en passant qu'on lui donnait souvent le titre de major, parce qu'il portait son uniforme de lycéen, sur lequel se trouvaient encore ses anciens galons), que nous autres Parisiens nous avons l'habitude d'aller au théâtre, et soit au Vaudeville, soit à l'Ambigu, ou à l'Opéra-Comique, on entend chanter, et naturellement on répète ce qu'on a entendu, ce qui forme insensiblement la voix et sans qu'on s'en aperçoive.

— Je comprends parfaitement; mais ce n'est dans aucun théâtre de Paris que vous avez entendu chanter les couplets que vous entonnez habituellement.

— Oh ! ça, c'est vrai ; mais que voulez-vous, on ne peut pas chanter à des troupiers des couplets de vaudeville ou des airs d'opéra, cela serait trop fade ; il leur faut quelque chose de plus carré, de plus épicé.

— J'en conviens jusqu'à un certain point. C'est dommage, surtout pour vous ; car cela vous gâte la voix, que vous avez fort belle, je vous le répète. Vous devriez essayer, rien que pour varier un peu, de nous faire entendre quelques-uns de ces chants guerriers qui sont en vogue à présent, et qui ne sauraient déplaire à des troupiers ; mais peut-être n'en savez-vous pas ?

— Pardon, major, j'en sais pas mal ; mais voilà le fourrier Benoît qui en sait encore plus que moi ; il n'a pas son pareil, par exemple, pour roucouler

>  Partant pour la Syrie (1).

ou bien encore :

> L'astre des nuits dans son paisible éclat
> Lançait ses feux sur les tentes de France.

Moi je sais, mais pas tout entière, la chanson de Roland, dont le refrain est :

> Braves Français, chantez Roland,
> L'honneur de la chevalerie.

---

(1) Cette romance de la reine Hortense était alors dans toute sa nouveauté.

— Moi, je la sais tout entière, interrompit Théodore, et, si vous voulez, nous la chanterons tous ensemble; je dirai les couplets, et vous répèterez le refrain en chœur.

— Eh bien, c'est ça, major; demain, à la *récréation*, nous serons prêts. »

Le lendemain, à l'heure indiquée, le groupe des principaux chanteurs se plaça en tête de la colonne, auprès de Théodore. Alors celui-ci entonna d'une voix sonore, large et vibrante, la fameuse chanson de Roland, si célèbre à cette époque. D'un bout à l'autre de la colonne on ne perdait pas une note du chant ni une syllabe des paroles. Aux accents de cette voix puissante et sympathique, toutes les conversations particulières cessèrent comme par enchantement; tous écoutaient avec avidité, un silence profond régnait partout, et les conscrits marchaient plus légèrement, de peur que le bruit de leurs pas ne leur fît perdre quelques-uns de ces sons qui vibraient jusqu'au fond de leur âme. Le refrain en chœur fut également entendu en silence, surtout quand on remarqua que la voix de Théodore formait un accompagnement admirable.

Quand le chant fut terminé, un immense bravo et des applaudissements bruyants interrompirent enfin le silence, jusque-là si religieusement gardé.

Théodore avait obtenu un plein succès. Il fut obligé de répéter son chant de Roland; puis les chanteurs ordinaires entonnèrent d'autres chansons guerrières, qui furent aussi applaudies. A compter de ce jour, les chansons obscènes et impies disparurent complétement; non pas que les couplets qui leur furent substitués fussent tous exempts de reproches, mais du moins ils n'avaient plus rien d'offensant pour les oreilles chastes.

Que devenait pendant ce temps-là le sergent Pacoulet? Lui, il n'avait jamais été si heureux; et, selon l'expression du tambour Casaubon, « il avait réellement de l'agrément dans cette route. » Théodore et les autres sous-officiers et caporaux postiches ne lui laissaient pas à faire la moindre besogne; tout marchait comme sur des roulettes, et le sous-inspecteur aux revues de Troyes lui fit des compliments sur la bonne tenue de son détachement et la régularité de sa comptabilité. Sa plus grande occupation, quand on arrivait à une étape, était de se mettre à table et de n'en sortir qu'à l'appel du soir; encore, à partir de Troyes, se dispensa-t-il d'y paraître. Il passait le reste de la soirée dans quelque cabaret, où il s'enivrait régulièrement; puis il se couchait et dormait profondément, jusqu'à ce que le rappel des tambours vînt le réveiller. A une étape avant Chaumont, il ne se réveilla pas à l'heure, et ne parut pas sur la place au moment du départ. Théodore envoya Casaubon à son logement; mais bientôt le tambour revint en disant que Pacoulet se plaignait d'un grand mal de tête, qu'il voulait encore rester au lit une heure ou deux, mais que le détachement n'avait qu'à partir toujours, et qu'il le rejoindrait en route ou à l'étape. Il ne rejoignit le détachement ni en route ni à Chaumont. Le sous-inspecteur aux revues de cette ville, prévenu par son confrère de Troyes de la bonne tenue de ce détachement, parut surpris de l'absence de chef officiel. Il examina la comptabilité que lui présentait Théodore, alla aux informations, et bientôt apprit la vérité tout entière. Il en fit son rapport au général commandant le département de la Haute-Marne. Celui-ci voulut s'assurer par lui-même de l'exactitude des faits ; il fit venir Théodore de Cerny, l'interrogea, et, charmé de ses réponses, il voulut passer en revue son détachement. Il fut étonné de l'attitude militaire et de la régularité des manœuvres de ces jeunes gens ; puis, ayant fait former le cercle, il leur dit :

« Jeunes conscrits, je viens d'apprendre que le sergent Pacoulet, qui vous commandait, est gravement malade ; il ne pourra probablement pas vous rejoindre avant votre arrivée à votre destination. Je n'ai en ce moment aucun sous-officier disponible pour le remplacer ; mais vous continuerez d'obéir à celui que vous avez choisi vous-mêmes pour votre chef, et qui s'est acquitté d'une manière si convenable de cette mission. En conséquence, et pour régulariser autant qu'il m'est possible sa position auprès de vous, *Au nom de l'empereur,* je nomme M. Théodore de Cerny sergent-major provisoire de ce détachement jusqu'à votre arrivée au corps, et vous lui obéirez pendant ce temps en tout ce qu'il vous commandera pour le bien du service, comme vous feriez à un chef revêtu du même grade dans l'armée et chargé spécialement de ce commandement. »

Les tambours battirent joyeusement un ban, et les conscrits crièrent : « Vive le général ! vive notre sergent-major ! »

A partir de ce jour, l'autorité de Théodore, sans être plus grande qu'auparavant, reçut une sorte de confirmation authentique qui lui donnait plus de stabilité.

Deux jours après avoir quitté Chaumont, le détachement arrivait à Champlitte, comme nous l'avons vu dans le premier chapitre.

# CHAPITRE V

### L'INCENDIE

Nous avions laissé ensemble les deux amis, Théodore et Louis, déjeunant et dégustant, comme le disait ce dernier, le vin du papa Vermont. La conversation, comme on le pense bien, ne tarit pas entre les deux anciens camarades. Théodore raconta une partie des faits que nous venons de rapporter; je dis une partie, car il omit certains détails qui auraient blessé sa délicatesse ou sa modestie.

Louis, de son côté, raconta ses prouesses et aventures en Espagne; il n'en était encore qu'au milieu de son récit, quand M. Vermont entra, tenant à la main une lettre de son beau-frère, qui lui donnait tous les détails, recueillis de la bouche même du notaire de Paris, de la manière délicate avec laquelle M. de Cerny avait voulu remplacer son ami plutôt que le fils du comte de B..., qui offrait un prix supérieur au sien. Quand il eut fini sa lecture, M. Vermont dit avec émotion : « Ce que vous avez fait là, monsieur de Cerny, n'a rien d'étonnant de la part d'un jeune homme qui vient de montrer un si beau dévouement. Les vertus et les nobles sentiments se touchent; un modèle de piété filiale doit être aussi un modèle d'amitié, et je ne saurais vous dire combien je suis heureux de voir que mon fils a eu le bonheur de rencontrer un ami tel que vous.

— Morbleu ! Théodore, s'écria Louis, tu ne m'avais pas parlé de cela ; ce n'est pas bien, vois-tu, et je serais presque tenté de t'en vouloir. Est-ce que tu aurais pensé que ma reconnaissance serait incapable d'égaler ta générosité ?

— Ah çà ! que viens-tu me chanter, dit en souriant Théodore, avec ma générosité et ta reconnaissance ? » Puis, prenant un ton plus grave et s'adressant en même temps au père et au fils, il continua : « Si j'étais parti volontairement à la place d'un autre, sans me faire payer le prix de ce remplacement, et uniquement pour rendre un fils chéri à ses parents, je comprends qu'un pareil désintéressement pût être regardé comme un acte de générosité digne de toute la reconnaissance de ceux qui en seraient l'objet. Mais des circonstances impérieuses et qui vous sont étrangères me forcent à me vendre à forfait, à prix débattu ; nous tombons d'accord ;

vous me payez le prix convenu, je remplis les obligations auxquelles je me suis engagé pour ce prix ; il n'y a là qu'un marché ordinaire, qui n'est pas plus un service rendu à celui qui paie qu'à celui qui est payé. Nous sommes quittes, en un mot, de part et d'autre, comme le sont dans un marché ordinaire deux contractants, dont l'un a payé exactement la marchandise que l'autre lui a livrée.

— Ah ! permettez, Monsieur, reprit M. Vermont, il y a ici une différence énorme, et j'aurai l'honneur de vous faire observer...

— Mon père, interrompit vivement Louis, qui remarquait sur la figure de Théodore une certaine contrariété, je vous en prie, laissons-le tranquille là-dessus. Je le connais ; il est entêté comme deux mulets : si vous insistez, il est capable de vous prouver que c'est lui qui est notre obligé ; et si vous ne dites pas comme lui il se fâchera. Ne prolongeons donc pas ces discussions inutiles, et ne songeons qu'à célébrer gaiement la fête des Rois, si heureusement embellie par l'arrivée inattendue de mon ami. A propos, mon cher Théodore, je te ferai faire connaissance ce soir avec une bonne partie de ma famille, tant du côté paternel que du côté maternel, depuis les tantes et les oncles jusqu'aux petits cousins et cousines du quatrième ou cinquième degré. Si tu aimes les caricatures, tu trouveras là des types curieux, dignes du crayon de Carle Vernet, et qui rappellent admirablement ses *Incroyables* du Directoire.

— Allons, Louis, ce n'est pas bien de tourner ainsi en ridicule tes parents, dit M. Vermont à son fils, et cela doit donner à ton ami une mauvaise opinion de ton cœur.

— Bah! il y a longtemps que Théodore me connaît; il sait que j'aime à plaisanter, à mettre en saillie les petits travers, les petites manies des gens, même de mes meilleurs amis; mais tout cela histoire de rire, et jamais intention de blesser. Tenez, lui-même, au lycée, je l'avais surnommé *la Demoiselle*, parce qu'il était toujours pincé, discret et modeste comme une jeune fille; et ce nom lui est resté. Il était le premier à en rire, comme, de mon côté, je riais du surnom de *Hanneton*, qu'on m'avait donné à cause de mon étourderie.

— Et tu avoueras, reprit Théodore, que c'était un surnom assez justement appliqué. Maintenant, Messieurs, ajouta-t-il, vous me permettrez de vous quitter quelques instants pour aller voir si tout va bien dans le détachement, si les hommes sont tous logés, et si la viande et le pain ont été distribués.

— Je vais t'accompagner, dit Louis; je profiterai de la circonstance pour te faire connaître la ville et te montrer les curiosités du pays. »

Les deux jeunes gens partirent, et quand Théodore eut reconnu que tout était en ordre dans le détachement, son ami le conduisit sur la terrasse du château, d'où la vue s'étend sur une jolie vallée arrosée par la petite rivière du Salon. Ce château, qui appartient à la famille de Toulongeon, était alors inhabité; ils en visitèrent les appartements, la cour d'honneur, puis revinrent sur la terrasse, où ils se promenèrent en causant. La conversation, après avoir roulé quelque temps sur les souvenirs du passé, revint naturellement à leur situation présente et à leur avenir. « Sais-tu, dit tout à coup Louis à Théodore, qu'en réfléchissant, notre position à tous deux est bien singulière? Te voilà, toi, homme d'études, appelé naguère par ta vocation à des fonctions pacifiques, transformé subitement en homme de guerre, et cela pour remplacer dans l'état militaire un homme qui aimait passionnément cet état et à qui aucun autre ne convient. Il faut avouer que nos rôles sont étrangement intervertis; car je suis encore moins fait pour la vie civile que tu ne l'es, toi, pour la vie des camps.

— Que veux-tu, mon cher, répondit Théodore en poussant un profond soupir, moi j'obéis à une nécessité fatale, ou, pour parler plus juste, à la volonté de la Providence, qui ne m'a pas permis de suivre la voie ouverte devant moi et m'a jeté dans une autre; toi, tu obéis à la volonté de tes parents, ce qui est encore obéir à Dieu. Ce que nous avons de mieux à faire l'un et l'autre, c'est de nous résigner et de nous lancer avec courage dans la nouvelle carrière qui nous est présentée, sans murmurer, sans regarder en arrière.

— Eh bien, c'est plus fort que moi. Quand je pense qu'hier encore j'étais si fier de mon galon de sergent, que j'allais bientôt voir doubler et changer en ceux de sergent-major; qu'avant six mois peut-être j'aurais attrapé l'épaulette de sous-lieutenant, avant un an celle de lieutenant, et peut-être celle de capitaine, quand je pense, dis-je, à ce beau rêve, auquel il faut renoncer pour me mettre dans le commerce des farines ou du fer, je t'avoue que je me sens l'esprit tout bouleversé, et que cette résignation dont tu me parles est une vertu au-dessus de mes forces.

— Cela vient, mon ami, de ce que tu as un peu négligé les préceptes de la religion, que sur la fin de ton séjour au collège tu paraissais cependant disposé à suivre.

— Tu as raison; mais, dans l'état militaire, comment veux-tu qu'on puisse songer à la religion? Toi-même, quand tu auras été six mois sous les drapeaux, tu m'en diras des nouvelles.

— Pour mon compte, je ne vois pas ce que l'état militaire a de si incompatible avec la religion. C'est un état continuel d'abnégation, de privation, d'obéissance, de dévouement, et où l'on est exposé à chaque instant aux souffrances, aux blessures et à la mort;

mais ce sont là des épreuves bien propres à préparer le salut d'un vrai chrétien. Pour moi, j'espère bien que Dieu me fera la grâce de ne pas être un mauvais soldat, et de rester en même temps un bon chrétien.

— C'est bon, c'est bon, ne discutons pas là-dessus, comme je te l'ai dit, dans six mois tu ne penseras plus de même. Parlons d'autre chose; car il y a encore une autre affaire qui me tracasse furieusement.

— De quoi s'agit-il?

— Figure-toi que ma mère s'est mis dans la tête de me marier, et cela le plus tôt possible, avec ma cousine, la fille de mon oncle Boulard, le maître de forges que tu connais.

— Eh bien, je ne vois pas ce que cette perspective a de si effrayant : épouser une héritière deux ou trois fois millionnaire, le grand malheur! Si décidément cette affaire ne te convient pas, je te garantis que tu trouveras plus facilement des remplaçants dans ce cas que pour t'exempter du service militaire.

— Ne plaisantons pas, Théodore, je parle sérieusement, ce qui, j'en conviens, ne m'arrive pas souvent. Je n'ai rien à dire contre ce mariage en lui-même, puisqu'il paraît convenir aux deux familles; plus tard je n'aurais peut-être aucune objection à faire; mais en ce moment nous sommes beaucoup trop jeunes l'un et l'autre pour nous marier. Estelle est encore une enfant, que j'ai toujours traitée comme telle, que je m'amusais autrefois à taquiner et à contrarier au point qu'elle me détestait cordialement, et qu'elle n'a probablement pas encore changé de sentiment aujourd'hui. Je suis donc persuadé qu'elle n'accepterait ma main dans ce moment-ci qu'avec une extrême répugnance, et seulement pour obéir à son père. De mon côté, sans avoir d'éloignement à son égard, je ne me sens aucun penchant vers elle, ou plutôt, soyons vrai, je ne me sens actuellement aucune disposition pour le mariage. Cela viendra peut-être plus tard; mais dans une affaire si sérieuse, qui demande tant de réflexions, pourquoi si fort se presser? Qu'en penses-tu?

— Mon ami, répondit Théodore, il est probable que tes parents craignent que, quoique tu aies fourni un remplaçant, tu ne sois encore rappelé au service si tu restes célibataire, comme cela est arrivé déjà à tant de familles; tandis que si tu te maries, tu n'auras rien à craindre d'un nouvel appel.

— Ce sont des craintes chimériques; et d'ailleurs, quand cela arriverait, ne vaudrait-il pas mieux me fournir un ou deux remplaçants au besoin que de me forcer à contracter un mariage qui, j'en ai le pressentiment, serait malheureux? Dix mille francs, vingt mille francs même, ne ruineraient pas mes parents, et ils peuvent bien, ce me semble, consacrer cette somme au bonheur de leur fils.

— Tu es exigeant, Louis, et injuste envers tes

parents. Comme ils te portent la plus vive tendresse, ils ne reculent devant aucun sacrifice pour te garder auprès d'eux, pour te sauver des dangers auxquels la guerre t'exposerait, et tu ne parais leur tenir aucun compte de ces sacrifices; tu les trouves même insuffisants.

— Tu te trompes, Théodore, ou je me suis mal expliqué; j'apprécie parfaitement et avec reconnaissance tout ce qu'ils font pour moi; c'est même pour ne pas les chagriner que j'ai consenti à quitter le service militaire, qui me plaisait tant; mais c'est ce maudit mariage qui me vexe... Plutôt que d'y consentir, continua-t-il, je crois que je serais tenté de m'engager de nouveau, et je t'avoue, entre nous, que depuis que je t'ai vu à la tête de ton détachement de conscrits, il me prend parfois une envie irrésistible de partir avec toi.

— Louis, reprit gravement Théodore, tu ne parles plus sérieusement à présent. Si tu avais le malheur de faire une pareille folie, je te renoncerais à jamais pour mon ami. »

Le ton et l'accent avec lesquels ces paroles furent prononcées firent sur le jeune Vermont une impression profonde. Il baissa la tête, en proie à une violente agitation, et répondit à demi-voix en poussant un profond soupir : « Non, certainement que je ne le ferai pas; mais ça n'empêche pas que ce maudit mariage ne me contrarie horriblement.

— Calme-toi, mon pauvre garçon, reprit avec bonté Théodore ; tu te fais probablement un monstre d'une vaine chimère. Voyons, pour quelle époque tes parents désirent-ils que ce mariage ait lieu ?

— Mais le plus tôt possible ; on voulait que je partisse demain pour aller chez mon oncle ; puis mon père devait venir m'y rejoindre huit jours après pour faire la demande officielle ; dès le dimanche suivant les bans devaient être affichés, et dix jours après la cérémonie serait célébrée. Mais j'ai obtenu un délai de quelques jours, que je tâcherai de prolonger encore.

— Y a-t-il longtemps que tu n'as vu ta cousine ?

— Je ne l'ai pas vue depuis avant mon départ pour l'armée d'Espagne, c'est-à-dire il y a environ deux ans et demi.

— Quel âge avait-elle à cette époque ?

— Elle pouvait avoir quatorze ans ; mais on ne lui en aurait donné que dix à douze, tant elle était petite et encore enfant.

— Mon ami, à cet âge deux ans et demi apportent un grand changement chez une jeune fille. Peut-être aujourd'hui auras-tu peine à reconnaître, dans la jeune personne de seize ans et demi, la petite fille de dix à douze ans dont le souvenir t'est resté dans l'imagination. De son côté, elle ne reconnaîtra pas non plus, dans le jeune homme bronzé par le soleil d'Espagne, le lycéen espiègle et taquin qui se plaisait à la faire enrager. Il pourrait arriver alors que de part et d'autre tombât cette répugnance dont tu parlais tout à l'heure, et que vous fussiez disposés l'un et l'autre à vous conformer immédiatement aux intentions de vos familles. Si cette nouvelle entrevue ne ramenait pas la sympathie entre vous, alors, mais alors seulement, tu pourrais parler à tes parents de délais ; aujourd'hui ils sont déplacés, et tu dois partir dès demain, puisqu'ils le désirent.

— Je suivrai tes conseils ; je partirai, non pas demain, puisque tu séjournes ici, mais après-demain. Au reste, tu as raison, et c'est le seul moyen d'en finir promptement et d'une manière décisive. Maintenant il est temps de retourner à la maison, où il est probable qu'une partie de nos convives sont déjà arrivés. »

En effet, quand ils rentrèrent chez M. Vermont, le plus grand nombre des invités étaient déjà réunis. Le maître de maison les avait mis au courant de tout ce qui concernait le remplaçant de son fils ; de sorte que Théodore fut accueilli avec les égards dus à un honorable étranger et la bienveillance qu'on eût accordée à un membre de la famille.

Nous n'avons pas besoin de dire que le dîner fut des plus gais : on sait ce que sont ces repas de famille. Au moment où l'on servit l'immense gâteau des Rois, et où déjà M. Vermont s'apprêtait à le découper, on entendit les deux tambours du détachement qui battaient le rappel. Louis dit un mot à l'oreille de Théodore, qui lui répondit par un simple signe de tête affirmatif. Alors le jeune Vermont, se levant de table précipitamment, dit à son père : « Veuillez, je vous prie, découper le gâteau, de manière qu'il y ait deux portions de plus que le nombre de nos convives ; je vais chercher les deux personnes à qui je les destine.

— Où va-t-il donc comme cela? dit M$^{me}$ Vermont en paraissant interroger du regard M. de Cerny.

— Il va chercher probablement nos deux tambours ; il m'a demandé si ce n'étaient pas les deux anciens tambours du lycée de Reims, et sur ma réponse affirmative il est parti comme un trait. »

Effectivement, après quelques minutes d'attente, Louis rentra avec les deux porte-baguettes, et, les introduisant dans la salle à manger, il dit : « Messieurs et Mesdames, j'ai l'honneur de vous présenter deux de mes anciens camarades du lycée de Reims, M. Casaubon, véritable virtuose sur la caisse roulante, et M. Beauvalet, son digne émule. Je regrette de ne pas les avoir reconnus tantôt immédiatement, sans cela je les aurais invités à dîner en famille ; mais enfin ils seront à temps pour prendre leur part du gâteau et du dessert, et pour boire à la santé du roi de la fève. » En même temps il leur fit apporter deux couverts. Les nouveaux venus, en leur double qualité de tambours et d'enfants de Paris, prirent place à table avec une aisance parfaite, et comme s'ils eussent été en compagnie de gens de leur connaissance. Louis s'empressa de leur faire servir quelques morceaux un peu plus substantiels que des plats de dessert, et bientôt ils se trouvèrent au niveau du reste des convives. On procéda ensuite à la distribution, par la voie du sort, des portions du gâteau. Soit hasard, soit préméditation, la fève échut à Théodore. Un immense cri de vive le roi! et de bruyants applaudissements accueillirent le monarque éphémère; les toasts succédèrent aux toasts; on riait, on chantait: la joie était délirante.

Tout à coup un cri sinistre, parti de la rue voisine, couvrit les éclats de rire et la conversation animée des convives. Le bruit qui se faisait à table cessa comme par enchantement; on prêta l'oreille, et presque aussitôt la même voix du dehors fit retentir avec un accent lugubre le même cri, cette fois plus distinct à cause du silence qui régnait dans la réunion: « Au feu! au feu! » Toute la société de M. Vermont se leva aussitôt; on ouvrit les fenêtres, et l'on aperçut dans la direction du nord une lueur rougeâtre qui éclairait l'atmosphère de ses reflets sanglants.

Au même instant une des domestiques entra, annonçant d'une voix effarée que le feu était dans le quartier bas de la ville, près du moulin, à côté de la maison de M. Labrut, un des convives de M. Vermont.

A cette nouvelle, M<sup>me</sup> Labrut jeta un grand cri et s'évanouit; ses enfants poussèrent à leur tour des lamentations déchirantes, et son mari, perdant la tête, ne savait s'il devait rester pour soigner sa femme, ou courir au secours de sa maison menacée. « Cousin Labrut, lui dit M. Vermont, laissez ici la cousine et les enfants, où les soins ne leur manqueront pas, et allez voir ce qui se passe chez vous. » Louis offrit de l'accompagner, et demanda à Théodore s'il voulait venir avec eux.

« Il y a quelque chose de mieux à faire, reprit celui-ci; l'incendie me paraît considérable, et j'ai à vous offrir, pour le combattre, mieux que mon bras, mais quatre cents bras dévoués et intelligents. Casaubon, continua-t-il en s'adressant à son premier tambour; où sont vos caisses?

— Elles sont ici, major; M. Vermont, quand il nous a rencontrés, ne nous a pas permis de les porter dans nos logements, et il nous les a fait déposer dans l'antichambre.

— C'est bien : allez les prendre sur-le-champ, et commencez, en partant d'ici, à battre la générale, et en parcourant toutes les rues du quartier où se trouve logé le détachement; puis vous finirez par la place de la mairie, où se rassembleront nos hommes et où j'irai vous rejoindre. »

Les deux tambours partirent, et bientôt les roulements de la générale mêlés aux vibrations précipitées du tocsin portèrent la sinistre nouvelle jusqu'aux points les plus reculés de la petite ville et dans les environs.

Tandis que la foule accourait de toutes parts sur le théâtre de l'incendie, et que les jeunes conscrits s'empressaient de se rendre où les appelait la voix retentissante de leurs tambours, Théodore avait suivi Louis et le cousin Labrut, pour se rendre compte du véritable état des choses. D'un coup d'œil il avait remarqué que la maison où le feu avait pris d'abord ne pouvait être sauvée, et que ce qu'il y avait de mieux à faire était de préserver les maisons voisines, s'il était possible; car pour cela il n'y avait pas de temps à perdre. Malheureusement il reconnut que dans cette foule, qui grossissait sans cesse, il n'y avait aucune direction; chacun voulait être écouté et donnait son avis, que souvent il exécutait lui-même, sans s'inquiéter du voisin qui suivait un avis différent et parfois tout à fait contraire, de sorte qu'ils se nuisaient mutuellement. La maison de M. Labrut, très-proche voisine de la maison incendiée, était, en effet, gravement compromise : déjà quelques parties de la toiture étaient atteintes, et, si l'on ne prenait de promptes et rapides précautions, le reste de l'édifice serait bientôt en flammes. Théodore recommanda à Louis et à son cousin de réunir tous leurs efforts pour empêcher ou retarder les progrès du feu, jusqu'à ce qu'il fût de retour avec son détachement, et il les quitta pour aller en toute hâte se mettre à la tête de ses conscrits.

Quand il arriva à l'endroit que les soldats appelaient la place d'armes, et les habitants la place de la mairie, il trouva toute sa troupe rangée en bataille, et les sergents de compagnies occupés à s'assurer de la présence des hommes. Il manquait seulement cinq ou six retardataires, qui rejoignirent plus tard. Sans les attendre, Théodore commanda : « Par le flanc droit, droite ! Pas de course, marche ! » Et la troupe s'élança comme un tourbillon sur les pas de son chef. Leur arrivée causa une grande joie et aux travailleurs et à la foule des oisifs qui regardaient sans travailler. « Bravo ! criait-on ; vivent les conscrits parisiens ! » Frappé d'étonnement de voir cette multitude de gens qui ne faisaient rien, Théodore ne put s'empêcher de leur dire : « Je vous remercie de vos bravos ; mais il serait plus à propos de travailler à éteindre l'incendie.

— Nous ne demanderions pas mieux, répondit une voix ; mais nous ne savons que faire, et nous n'avons personne pour nous diriger.

— Est-ce que les autorités de la ville ne sont pas ici ?

— Pardon ; mais M. le maire serait aussi bien dans son lit, car il est malade et ne peut se soutenir ;

l'adjoint est absent; le juge de paix a refusé de prendre l'autorité en main; le brigadier de gendarmerie a assez de faire la police et de veiller, avec deux gendarmes, au sauvetage du mobilier de tant de familles, et il a envoyé son troisième gendarme à Gray pour demander des secours; mais j'ai bien peur que, d'ici à ce que le secours arrive, tout le quartier bas de la ville ne soit brûlé. Tenez, Monsieur, ajouta le bourgeois, vous qui avez l'habitude de commander à des jeunes gens qui paraissent alertes et dispos, si vous le voulez, nous nous joindrons à eux, vous nous dirigerez, et nous ferons de notre mieux pour vous seconder. »

Théodore hésitait; mais Louis Vermont, qui était venu rejoindre son ami et qui avait entendu la proposition des habitants, lui fit observer qu'il n'y avait pas à balancer, ni un moment à perdre. Et comme sa gaieté ne l'abandonnait jamais dans les instants les plus critiques, il ajouta en riant : « Allons, tu es aujourd'hui le roi de la fève, c'est à toi de conduire tes sujets à l'ennemi; je serai ton aide de camp.

— Soit, s'écria de Cerny, je le veux bien; commençons par nous occuper des maisons que menace le principal foyer de l'incendie, et laissons celui-ci achever de se consumer tout seul. Dans un instant le toit va s'écrouler, et étouffera plus sûrement les flammes que cette pompe qui lance sur ce brasier incandescent un mince filet d'eau plus propre à l'activer qu'à l'éteindre. »

Il était temps que ce conseil fût suivi. Déjà plusieurs maisons du voisinage commençaient à prendre feu sous la pluie des flammèches embrasées que jetait cette espèce de volcan. Des jeunes gens du détachement, ayant l'habitude des exercices gymnastiques, furent lancés dans ces maisons, grimpèrent sur les toits, et versèrent sur les parties qui s'enflammaient des seaux d'eau que les bourgeois leur passaient avec empressement. La maison du cousin Labrut fut ainsi préservée, et trois autres de ses voisines encore plus sérieusement menacées.

Tout marchait bien de ce côté, quand on vint avertir de Cerny que, dans une petite rue voisine, une maison isolée, et à laquelle personne n'avait songé à porter secours, était en flammes, et qu'une partie de la famille qui l'habitait n'avait pu s'échapper et était au moment de périr d'une mort horrible.

Théodore y courut, guidé par Louis et suivi d'une dizaine des siens. Bientôt ils se trouvèrent sur le lieu du sinistre; et là un spectacle déchirant s'offrit à leurs regards. Un vieillard infirme et deux enfants en bas âge étaient restés dans une chambre du premier étage, et l'escalier de bois qui conduisait à cette chambre était dévoré par les flammes. Une femme tenant par la main un enfant de sept à huit ans

5

criait avec l'accent du désespoir : « Mon Dieu ! mon Dieu ! mon père et mes enfants qui vont périr ! O mon Dieu ! venez à notre secours, ou ôtez-moi la vie ! »

Tous les spectateurs de cette scène d'angoisse frémirent. Que faire ? Il n'y avait pas d'échelle pour atteindre à l'étage où se trouvaient les personnes en danger, et, pendant qu'on perdrait le temps à en aller chercher une, le feu, qui déjà enveloppait toute cette partie du bâtiment, aurait achevé son œuvre de destruction. Théodore s'écria tout à coup : « Allons, mes amis, la courte échelle ! » Et en un clin d'œil une demi-douzaine de jeunes gens formèrent de deux côtés une courte échelle, à l'aide de laquelle Théodore et Louis atteignirent la croisée de la chambre, brisèrent un carreau de vitre et s'élancèrent dans l'intérieur, malgré une épaisse fumée qui les suffoquait. En un instant ils furent suivis par trois ou quatre conscrits ; et en moins de temps encore que nous ne mettons à l'écrire, le vieillard et les deux enfants furent transportés sur le bord de la fenêtre. La difficulté était de les descendre. Un lit de paille mouillée et de fumier fut rapidement entassé au pied de la muraille ; on y laissa tomber les enfants, dont vingt bras étendus amortirent encore la chute. Mais on ne pouvait employer le même moyen pour le vieillard, qui, souffrant et infirme, n'aurait pu supporter une pareille secousse. Heureusement Louis imagina d'ôter les draps du lit, de les lui passer sous les bras, et de descendre ainsi le plus doucement possible le bonhomme, jusqu'à ce qu'il pût être recueilli dans les bras des personnes restées au pied du mur. Ce sauvetage opéré, les deux amis se hâtèrent de battre en retraite par le même chemin qu'ils avaient suivi pour monter. Il était temps; car à peine avaient-ils touché le sol, que la chambre qu'ils quittaient fut aussitôt envahie par les flammes.

Ce nouveau foyer menaçait de causer d'autres désastres; mais, comme il était plus isolé que le premier, le danger était moindre. Les deux amis, tout en veillant à ce que l'incendie ne se propageât pas de ce côté, songèrent au moyen de sauver, s'il était possible, le reste du bâtiment de cette pauvre famille. Une grange qui contenait du blé et le produit de la dernière récolte, une écurie qui renfermait des bestiaux, se trouvant séparées de la maison d'habitation, furent préservées, grâce aux précautions prises à temps. La maison d'habitation elle-même n'eut que l'étage de brûlé; le rez-de-chaussée fut garanti.

Pendant ce temps-là, le reste des jeunes conscrits, dirigés par leurs sergents et leurs fourriers, se portaient sur d'autres points; les habitants les secondaient avec ardeur, et, une fois l'impulsion donnée et une bonne direction établie, on devint partout maître du feu. Enfin, quand toute apparence de danger eut disparu, Théodore fit battre le rappel, réunit ses hommes, et tous regagnèrent leurs logements pour prendre un repos dont ils avaient grand besoin. Il était alors quatre heures du matin.

A peine les conscrits étaient-ils rentrés, qu'un piquet de gendarmes et de chasseurs à cheval de Gray arriva, précédant à peu de distance les pompiers et les pompes de cette ville, qui voyageaient en poste. Bientôt accoururent aussi le sous-préfet, le procureur impérial et le lieutenant de gendarmerie. Tout était terminé. Ces messieurs se firent rendre compte de ce qui s'était passé. On pense bien que tous ceux qu'ils interrogèrent ne tarirent pas sur les éloges qu'ils firent du détachement de jeunes conscrits, et surtout de son chef, sans lequel tout un quartier de la ville eût été la proie des flammes. Le sous-préfet adressa les plus vives félicitations à Théodore de Cerny, et le pria de les reporter à tous ses camarades, en attendant qu'il le fît lui-même; car il se proposait de les passer en revue le lendemain, à leur arrivée à Gray.

Le préfet, ayant reçu un rapport sur cet événement, en informa le ministre de l'intérieur et le ministre de la guerre. Quelque temps après, on lisait dans le *Moniteur*, aux faits divers, un paragraphe ainsi conçu :

« Dans la nuit du 6 au 7 janvier dernier, un in-
« cendie a éclaté dans la petite ville de Champlitte,

« chef-lieu de canton de l'arrondissement de Gray,
« département de la Haute-Saône, et eût détruit
« une partie de cette ville, sans les secours intelli-
« gents et actifs apportés par un détachement de
« deux cents conscrits de passage dans cette ville.
« Ces jeunes gens ont fait preuve dans cette circon-
« stance de beaucoup de sang-froid et d'intrépidité
« sous la conduite d'un de leurs camarades, nommé
« de Cerny, qui exerce les fonctions de sergent-ma-
« jor provisoire. C'est un heureux présage de leur
« conduite à venir comme soldats. Ils appartiennent
« à la classe de 1813 et au département de la
« Seine. »

Ce ne fut que longtemps après que Théodore eut connaissance de cet article, dans une circonstance dont nous parlerons en temps et lieu.

Nous n'essaierons pas de peindre la reconnaissance de tous les habitants de la ville envers leurs hôtes. Le lendemain, jour de leur départ, un grand nombre de jeunes gens voulurent les accompagner jusqu'à la première étape, c'est-à-dire jusqu'à Gray. Là une réception brillante attendait nos conscrits. Le sous-préfet, le lieutenant de gendarmerie et plusieurs officiers de chasseurs à cheval vinrent à leur rencontre. Le détachement fut conduit sur la promenade dite des *Capucins*, où le sous-préfet le passa en revue; puis il adressa à tous les conscrits, et à leur chef en particulier, de chaleureux remerciments de leur noble et courageux dévouement dans l'incendie de la veille ; il termina en leur annonçant qu'il avait déjà adressé un rapport de ces faits à l'autorité supérieure, qui ne manquerait pas de les faire parvenir à la connaissance de S. M. l'empereur.

Après la revue, il y eut une distribution extraordinaire de vin à la troupe ; puis le sous-préfet invita à déjeuner chez lui Théodore de Cerny et les autres sous-officiers du détachement. Louis, qui avait voulu accompagner son ami jusqu'à Gray, fut compris dans l'invitation, et reçut aussi sa part des félicitations du magistrat pour avoir si bien secondé son ami dans le sauvetage du vieillard et des deux enfants.

Le reste de la journée fut encore une fête continuelle. Les officiers du régiment offrirent un punch à Théodore et à Louis, et ce ne fut que fort tard dans la soirée que les deux amis se trouvèrent enfin seuls dans la chambre de l'hôtel où ils étaient logés. Ils passèrent une partie de la nuit à causer ensemble ; à trois heures du matin, Louis Vermont comptait prendre le courrier qui le ramènerait à Champlitte. Il ne devait pas s'y arrêter, mais continuer sa route pour aller, comme nous le savons, visiter son oncle, qui habitait les environs de Reims. Théodore rappela à son ami les conseils qu'il lui avait donnés au sujet de cette visite, et l'engagea de nouveau à ne pas contrarier les projets que sa famille avait formés pour son établissement.

Louis le promit; puis, ayant ajouté que probablement pendant son séjour chez son oncle il ferait une excursion jusqu'à Paris, Théodore lui recommanda dans ce cas d'aller voir sa mère et de lui donner de ses nouvelles. Il ne laissait pas passer de semaine sans lui écrire; mais elle n'en aurait pas moins le plus grand plaisir à causer avec une personne qui aurait vu son fils, surtout quand elle saurait que cette personne était son meilleur ami.

Louis Vermont assura Théodore que rien ne pouvait lui être plus agréable que cette commission, et qu'elle suffirait presque à elle seule pour le déterminer à aller à Paris.

Enfin les deux amis se séparèrent, après s'être cordialement embrassés; ils n'avaient pas l'espoir de se revoir de sitôt, mais ils se promirent de s'écrire mutuellement le plus souvent possible.

# DEUXIÈME PARTIE

## CHAPITRE I

L'ARRIVÉE AU CORPS. — UNE LETTRE DE LOUIS VERMONT

Trois mois s'étaient écoulés depuis les événements racontés dans les chapitres précédents. Le détachement de conscrits commandé par Théodore de Cerny était arrivé au dépôt qui lui avait été assigné, et avait été aussitôt incorporé dans un de ces bataillons provisoires que Napoléon organisait à la hâte pour l'entrée en campagne prochaine. Les cadres de ces bataillons étaient composés d'officiers et de sous-officiers tirés de l'armée d'Espagne, ou échappés au désastre de Russie.

La plus grande partie des conscrits amenés par Théodore restèrent ensemble, et formèrent une compagnie. Le reste fut versé dans une autre. Comme on s'y était attendu, aucun des grades donnés pendant la route ne fut conservé; tout le monde devint simple soldat, seulement les galons de caporal furent donnés au bout de quelques jours à la plupart des anciens sous-officiers provisoires en qui on remarqua le plus d'instruction. Théodore ne fut point compris dans cette faveur. Ses anciens compagnons en murmurèrent, surtout Casaubon et Beauvalet, qui étaient restés tambours de la compagnie. De Cerny les calma en leur assurant que c'était lui qui avait refusé ce grade, ce qui était vrai; mais il ne leur dit pas comment la chose s'était passée.

Quand il était arrivé au dépôt, le chef de bataillon l'avait fait appeler pour lui demander un compte détaillé sur les hommes composant son détachement, et sur les faits qui s'étaient passés depuis qu'il en avait pris le commandement provisoire. Théodore satisfit à toutes ces questions, sans rien déguiser, sans rien exagérer. « C'est bien, dit l'officier supérieur; vos explications sont conformes aux rapports que j'ai reçus. Je serais heureux, monsieur de Cerny, de pouvoir vous en récompenser en vous conservant définitivement le grade que vous avez occupé jusqu'ici d'une manière provisoire; mais les règlements s'y opposent, et ce serait faire un passe-droit à plusieurs anciens sous-officiers qui n'ont pas à coup sûr vos connaissances, mais qui ont pour eux les services antérieurs et l'expérience.

— Mon commandant, répondit Théodore, je n'ai jamais pensé conserver mon grade en entrant au régiment; et je n'ai d'autre désir que d'être simple soldat, et d'en remplir de mon mieux tous les devoirs.

— Non, je ne prétends pas que vous soyez simple soldat, et je vous offre le grade de caporal, le seul que je puisse vous donner en ce moment.

— Je vous remercie, mon commandant; mais je ne puis l'accepter; non pas, croyez-le bien, que je regarde ce grade inférieur comme au-dessous de moi; mais je désire, avant de l'obtenir, partager la vie, les fatigues et les corvées du simple soldat : c'est le moyen le plus sûr de connaître ses besoins, et d'obtenir de lui, si l'on arrive à quelque grade, confiance et obéissance.

— Vous avez raison, Monsieur, reprit le commandant, et je vous approuve. Je n'ai pas besoin de vous rappeler de faire votre service convenablement; les occasions ne vous manqueront pas de vous signaler, et vous pouvez compter sur moi pour votre avancement. Aujourd'hui vous dînerez avec moi, et je vous présenterai à votre capitaine, à qui je vous recommanderai d'une manière toute spéciale. »

Théodore remercia le commandant de sa bien-

Pagination incorrecte — date incorrecte
NF Z 43-120-12

lire PAGE 108
au lieu de PAGE 10_

veillance, et à peine achevait-il sa phrase que le capitaine entra. C'était un homme de quarante-cinq ans au moins, portant d'épaisses moustaches noires au milieu desquelles son nez, démesurément long, paraissait reposer comme sur un coussin. Une profonde cicatrice partageait sa figure de droite à gauche en une ligne diagonale, qui s'étendait de l'extrémité du sourcil droit jusqu'au-dessous de l'oreille gauche. Cet agrément, qui lui avait valu comme au duc de Guise le surnom de *Balafré*, donnait à sa physionomie, déjà fort peu gracieuse par elle-même, quelque chose de repoussant. Il avait été officier dans les armées de la république, et avait fait la guerre dans la Vendée et en Allemagne sous Moreau. En 1802, sous le consulat, il avait été mis à la réforme, soit à cause de ses blessures, soit pour ses opinions républicaines exaltées. Dix ans après, en 1812, il avait été rappelé quand on avait formé les *cohortes*, et enfin il venait de passer comme capitaine dans un bataillon de nouvelle création.

Quand le chef de bataillon lui eut présenté Théodore : « Ah ! oui, répondit le capitaine, j'ai entendu parler de ce jeune homme et de ses prouesses dans un incendie sur la route. Nous verrons s'il sera aussi brave devant le feu de l'ennemi que devant le feu des poutres et des toits embrasés; ce seront là ses meilleures recommandations; toutefois, commandant, vous pouvez compter que j'aurai égard à la

vôtre. » Puis, se tournant vers Théodore, il lui dit :
« Vous êtes un ci-devant, à ce qu'il paraît ?

— Monsieur, répondit Théodore avec dignité, j'ai l'honneur d'appartenir à une famille de gentilshommes qui ont toujours dignement porté leur nom.

— Et vous servez comme remplaçant ?

— Cela est vrai, repartit Théodore en rougissant.

— Allons, c'est un peu le monde renversé maintenant; il n'y a pas longtemps que les gentilshommes payaient pour se faire remplacer, et maintenant les gentilshommes se vendent comme remplaçants.

— Capitaine Roger, interrompit le commandant, votre observation est déplaisante et offensante pour ce jeune homme. S'il est remplaçant, apprenez que c'est pour un motif des plus honorables et qui doit plutôt lui attirer l'éloge que le blâme.

— Prenez que je n'ai rien dit, commandant, reprit le capitaine Roger. Seulement, de mon temps, les choses se passaient tout différemment. Lorsqu'en 1792 le canon d'alarme retentissait sur le Pont-Neuf, il n'y avait alors n'y conscription ni remplaçants; nous courions nous engager volontairement en masse, et nous partions pour la frontière en criant : Vive la république! Voilà comment ont fait les soldats qui ont battu l'Europe entière. Et vous, jeune homme, où étiez-vous dans ce temps-là ?

— Capitaine, répondit en souriant Théodore, je n'était pas né.

— Allons, monsieur Roger, interrompit le commandant, que les propos du capitaine commençaient à fatiguer, brisons sur ce sujet. Vous étiez venu sans doute me parler d'affaires de service?

— Oui, commandant. » Et il lui remit une liasse de papiers que celui-ci parcourut. Il en signa quelques-uns qu'il lui rendit, et garda les autres. Cette opération terminée, le capitaine se retira.

Quand il fut parti, le commandant dit à Théodore : « Comment trouvez-vous votre capitaine? Passablement brutal, hein? soyez franc.

— Monsieur, répondit Théodore, il ne m'appartient pas de le juger; seulement, après l'avoir entendu, je m'applaudis d'avoir insisté pour n'accepter aucun grade, et rester simple soldat.

— Et vous avez bien fait. Sans doute moi qui connais les motifs qui vous ont forcé de remplacer, et tout homme raisonnable qui les connaîtra, applaudiront à votre conduite; mais il y a des gens, et Roger est du nombre, dont l'esprit borné et étroit ne saurait comprendre la noblesse de votre sacrifice, et qui le regarderaient toujours comme une tache originelle dans votre entrée au service militaire. Du reste, cette tache sera promptement lavée à leurs yeux par le baptême de feu, et personne, après cette première épreuve, ne sera tenté de vous la reprocher. Maintenant revenons à votre capitaine ; malgré son air bourru et ses opinions républicaines qu'il ne cache pas, il est juste ; et vous n'aurez à éprouver de sa part ni vexations ni passe-droit. Au surplus, si vous aviez quelque grief sérieux contre lui, vous n'auriez qu'à me parler, et je vous ferais changer de compagnie.

— Je vous rends grâces, Monsieur, de vos bontés ; mais je quitterais avec beaucoup de regret une compagnie toute composée de mes camarades, et où je suis sûr de compter autant d'amis qu'il y a de soldats.

— Eh bien, mon cher, comme il vous plaira. Maintenant allons dîner. »

On sera peut-être surpris de trouver tant de bienveillance, de complaisance même de la part d'un officier supérieur envers un simple conscrit. Mais cet étonnement cessera, quand on saura que M. de Beauvoir (c'était le nom du commandant) appartenait lui-même à une famille noble de Bourgogne, alliée autrefois des Cerny ; de plus, un de ses amis, chef de bureau au ministère de la guerre, lui avait écrit pour lui recommander chaleureusement son nouveau soldat, à la prière d'un honorable notaire de Paris, qui s'intéressait beaucoup à cette famille.

Le dîner se passa donc, non comme entre un chef et son subordonné très-inférieur, mais comme entre gens de bonne compagnie, égaux par le rang, la naissance et l'éducation.

Dans la conversation, Théodore demanda comment il se faisait que le capitaine Roger eût fait allusion à l'incendie de Champlitte, et au rôle qu'il y avait joué. « Quoi! vous ne vous en doutez pas? répondit M. de Beauvoir.

— Ma foi non; car dans mon rapport je ne parle qu'en quelques lignes de cet incident.

— Mais il y a quelqu'un de plus prolixe et de moins modeste que votre rapport.

— Et qui donc?

— C'est le *Moniteur;* est-ce que vous ne l'avez pas lu?

— Le *Moniteur?* Non, je ne l'ai pas lu; je n'ai guère le temps de lire les gazettes. »

Le commandant s'empressa d'aller chercher le numéro qui contenait l'article cité plus haut. Quand Théodore en eut pris lecture : « Qui donc, dit-il, a pu faire insérer un article aussi bienveillant?

— Je n'en sais rien; tout ce que je sais, c'est que cet article est sorti des bureaux du ministère de la guerre pour être envoyé au *Moniteur.* Voilà, comme vous voyez, mon ami, un antécédent des plus favorables pour vous; ce sera une puissante recommandation, et qui vous dédommagera amplement des boutades du capitaine Roger. »

Quand ils se séparèrent, M. de Beauvoir dit à

Théodore : « Rappelez-vous que désormais nos relations dans le service seront ce qu'elles doivent être entre un chef et un simple soldat, mais que, hors du service et dans l'intimité, vous trouverez toujours en moi un protecteur et un ami dévoué. »

Théodore lui serra la main avec effusion, et rentra au quartier le cœur plein d'une joie qui n'était pourtant pas sans mélange, quand il pensait à cette espèce de tache originelle dont avait parlé le commandant; aussi brûlait-il du désir de recevoir le nouveau baptême qui devait l'effacer.

Dès que le bataillon eut reçu une instruction sommaire, il fut acheminé vers Mayence, où le vieux duc de Valmy était chargé d'inspecter ces nouvelles troupes, de leur donner une organisation définitive, de les faire habiller et équiper, et de les diriger ensuite sur les divers corps de l'armée active, dont ils devaient faire partie.

Jusqu'à son arrivée à Mayence, Théodore recevait régulièrement des lettres de sa mère et de temps en temps de son ami. Depuis longtemps il en attendait une de ce dernier, qui devait, pensait-il, lui annoncer l'époque précise de son mariage, fixée pour le mois d'avril, d'après sa correspondance antérieure. Enfin la lettre suivante lui arriva, qui lui causa la plus vive surprise. Nos lecteurs vont en juger par les principaux extraits que nous allons en donner.

« Je t'ai raconté, dans une de mes précédentes,
« ma première entrevue avec mon oncle et ma cou-
« sine. Je trouvai effectivement Estelle bien grandie
« et changée à son avantage, quoique ayant encore
« un air bien enfantin. Telle qu'elle, elle m'aurait
« plu sans doute, si j'avais un penchant plus pro-
« noncé pour le *conjungo*. Bientôt mon père arriva,
« et sa première parole fut de remettre le mariage
« sur le tapis. Mon oncle ne fit pas d'objection sé-
« rieuse; seulement il dit : « Mais ne trouvez-vous
« pas, frère, qu'ils sont bien jeunes encore l'un et
« l'autre? — Cela est vrai; mais vous savez, Bou-
« lard, les raisons majeures qui me font presser
« la conclusion de ce mariage. — Sans doute je le
« sais; mais ce n'est pas un motif pour précipiter
« une affaire aussi importante et qui demande de
« mûres réflexions. Il faut donner aux jeunes gens
« le temps de se connaître, de s'apprécier, de juger
« si leur caractère, leurs goûts, sympathiseront
« assez pour contracter une union sacrée qui ne doit
« finir qu'avec la vie. »

« Mon père, étonné de ce langage, demanda à
« son beau-frère en poussant une exclamation de
« surprise : « Eh quoi! Boulard, est-ce que vous
« auriez changé d'avis? est-ce que vous ne seriez
« plus dans les intentions que vous m'avez autrefois
« si souvent manifestées? Voyons, expliquez-vous
« franchement. — Qui vous parle, répondit mon

« oncle, du changement de mes intentions? Ras-
« surez-vous; elles sont ce qu'elles étaient, et je
« suis prêt à les réaliser, si ma fille y consent; car,
« je vous le déclare, avant tout c'est de son bonheur
« qu'il s'agit, et je ne veux pas qu'un jour elle
« ait à me reprocher d'avoir exercé une influence
« despotique sur sa volonté. Voici donc ce que
« j'ai résolu, et c'est là mon dernier mot. Louis
« restera ici un certain temps, trois mois, par
« exemple; chaque jour il verra sa cousine; et
« si d'ici là ils se conviennent mutuellement, le
« mariage pourra se faire sans difficulté. — Mais,
« cher frère, objecta mon père, si d'ici là Louis
« est rappelé, car il peut bien l'être quoiqu'il ait
« fourni un remplaçant, voilà tous nos projets
« avortés. — Et pourquoi seraient-ils avortés,
« reprit mon oncle; d'ailleurs, si cela arrive, ce
« que je ne crois pas, je me charge, moi, de lui
« acheter à mes frais un nouveau remplaçant.

« Oh! le brave oncle, je l'aurais, je crois, em-
« brassé, si je n'avais craint de montrer par là trop
« peu d'empressement à épouser sa fille.

« Tu comprends qu'après une pareille proposi-
« tion mon père n'eut plus d'objection à faire.
« Je m'installai chez mon oncle; nous partîmes
« quelques jours après pour aller passer le car-
« naval à Paris; mais je ne te dirai rien de ce
« voyage, qui m'a procuré l'occasion de faire la

« connaissance de ta mère et de ta sœur; d'ail-
« leurs je t'en ai déjà parlé dans une précédente
« lettre, et je pense que ta mère t'en aura dit aussi
« quelque chose.

« Nous revînmes à Franois-les-Forges, résidence
« de mon oncle, où il possède un véritable châ-
« teau. A peine y étions-nous de retour que nous
« vîmes, un beau matin, arriver mon père et ma
« mère la figure toute bouleversée. « Qu'avez-
« vous donc, leur dit mon oncle, avec vos airs si-
« nistres? — Vous avez fait de belle besogne, mon
« mari et toi, répondit ma mère, en retardant le
« mariage de vos enfants; voilà maintenant que
« ce que je craignais est arrivé. — N'est-ce que
« cela? dit mon oncle; j'ai cru vraiment qu'il s'a-
« gissait d'un malheur irréparable. Eh bien, si on
« le rappelle, je le rachèterai; je l'ai annoncé à ton
« mari, et je n'ai qu'une parole. — Hélas! re-
« prit mon père, vous ne savez donc pas ce qui
« arrive? L'empereur vient de créer quatre régi-
« ments de gardes d'honneur, formant un effectif
« de dix mille hommes. On ne les tire pas au sort
« comme pour la conscription; mais on les désigne
« parmi les familles les plus riches du pays. Ils
« doivent se monter et s'équiper à leurs frais, et la
« famille doit encore leur assurer une pension de
« mille francs. Enfin on n'admet aucun rempla-
« çant. M. le comte de C..., qui habite dans les

« environs de Scey-sur-Saône, a offert de fournir à
« ses frais dix cavaliers montés et équipés, si l'on
« voulait lui laisser son fils, qui a déjà deux rem-
« plaçants à l'armée : on ne l'a pas écouté. »

« Nous n'avions pas, en effet, mon oncle ni moi,
« entendu parler de cette formation des gardes
« d'honneur, ou ce que nous en avions entendu dire
« était si vague, que nous n'y avions prêté presque
« aucune attention. « Eh bien, est-ce que j'ai été
« désigné pour entrer dans ce nouveau corps? de-
« mandai-je à mon père. — Je n'en ai pas encore
« reçu la nouvelle officielle, me répondit-il; mais
« j'ai été prévenu par quelqu'un qui a vu la liste
« à la préfecture, et d'un jour à l'autre j'attends
« ta lettre de départ. — Mais tu ne partiras pas,
« s'écria ma mère, et je suis venue ici tout exprès
« pour t'en empêcher. — Cependant, repris-je, si
« je suis désigné, je ne veux pas me mettre en état
« de désertion. — Eh bien, ce mariage qui devait
« se faire au mois d'avril, ne peut-on pas l'a-
« vancer? répliqua ma mère. — Je ne m'y oppose
« pas. — Ni moi non plus, reprit mon oncle; seule-
« ment je vous ferai observer que c'est aujourd'hui
« mardi; les bans ne peuvent être publiés que
« dimanche prochain et le dimanche suivant, ce
« qui va entraîner un délai de quinze jours. D'ici
« là il est probable que la lettre d'appel de Louis
« parviendra, et alors il n'y aurait pas moyen

« de procéder à la cérémonie. — C'est égal, es-
« sayons toujours, dit ma mère, et faisons afficher
« les bans. — Ah! mais auparavant tu me per-
« mettras de consulter une personne que ce ma-
« riage intéresse plus que moi, c'est ma fille ! »
« M$^{lle}$ Estelle était présente à cette scène, et jus-
« que-là elle n'y avait pris aucune part. Quand
« son père l'interpella directement, elle baissa les
« yeux en rougissant et en murmurant quelques
« mots si bas, que personne ne l'entendit. « Al-
« lons, ma fille, parle donc, lui dit ma mère en
« s'approchant d'elle et en l'embrassant ; dis donc
« tout haut ce que tu viens de dire tout bas, que
« tu consens à être la femme de Louis dans quinze
« jours. — Mais, ma tante, je n'ai pas dit cela,
« riposta vivement Estelle en relevant la tête.
« — Et que disais-tu donc, mon enfant? — Je di-
« sais... je disais que... je ne voulais pas me ma-
« rier maintenant. — Tu n'aimes donc pas ton
« cousin? — Pardon, je l'aime bien comme mon
« cousin, pas encore comme mon mari. — Quoi! tu
« n'as donc pas entendu que, si tu ne l'épouses pas
« à présent, il va être forcé de partir pour la guerre?
« — Eh bien! nous nous marierons quand il re-
« viendra. »

« Malgré tous ses efforts, ma mère n'en put
« tirer d'autre réponse. Mon oncle intervint, et pria
« sa sœur de ne pas tourmenter davantage sa

« nièce, disant que, puisqu'elle n'était pas disposée
« à épouser maintenant son cousin, il ne fallait
« plus y penser. Ma mère se fâcha. Il y eut une
« querelle entre le frère et la sœur, qui pourtant
« s'aiment beaucoup. Cette scène pénible m'affec-
« tait vivement. Enfin ils se calmèrent. Mon père et
« ma mère remontèrent en voiture, et me rame-
« nèrent avec eux à Champlitte. Je te ferai grâce
« des mille et une extravagances que nous débita
« ma mère pendant la route. Hélas! c'était son
« affection pour moi qui lui faisait perdre la tête...
« Elle voulait autre chose, que je partisse pour
« l'Angleterre et même pour l'Amérique; je ne
« la contredis pas, et enfin elle était un peu plus
« calme quand nous arrivâmes à la maison, vers
« deux heures du matin.

« Je passai le reste de la nuit à réfléchir sérieu-
« sement sur ma situation; enfin je m'arrêtai à un
« parti qui me paraissait raisonnable, et, dès que
« je fus levé, je courus en faire part à mon père.
« J'espérais lui faire entendre raison mieux qu'à ma
« mère, et je ne me trompais pas. « Nous n'avons
« aucun moyen, lui dis-je, d'éviter mon départ
« pour l'armée; seulement ce qu'il faut éviter,
« c'est le surcroît de dépenses que vous coûterait
« mon entrée aux gardes d'honneur (je l'avais en-
« tendu se plaindre plusieurs fois amèrement de
« cette dépense, qui s'élèverait, selon lui, à plus

« de trois mille francs, sans parler de la pension
« de mille francs qu'il était obligé de me faire);
« eh bien, j'ai trouvé ce moyen. M. le maire n'a
« pas encore reçu de la préfecture ma lettre d'ap-
« pel pour la garde d'honneur; il est censé ignorer
« si je fais, ou non, partie du contingent assigné
« à cette garde. Avant qu'il en ait reçu l'avis offi-
« ciel, je vais, ou plutôt allons le trouver, et je
« signerai un engagement volontaire de servir dans
« l'infanterie; car je n'ai aucun goût pour la cava-
« lerie, et j'espère rentrer facilement dans l'armée
« avec mon dernier grade. — Après quelques ob-
« jections, quelques observations, mon père con-
« sentit à m'accompagner chez le maire. Les choses
« se passèrent sans difficulté. Muni de mon certi-
« ficat d'engagement, je partis le même jour pour
« Gray. Il y eut, au moment de mon départ, bien
« des gémissements, bien des lamentations dont
« je te fais aussi grâce. Comme engagé volontaire,
« on m'avait laissé le choix du corps où je désirais
« entrer; naturellement j'ai choisi ton bataillon,
« et maintenant je suis en route pour te rejoindre.
« Comme je voyage par étapes, que cependant je
« double quelquefois pour arriver plus tôt, cette
« lettre te parviendra encore plusieurs jours avant
« mon arrivée. Préviens-en ton brave comman-
« dant de Beauvoir, que j'aime déjà beaucoup, sans
« le connaître. Dis-lui qu'il tâche de me placer

« dans ta compagnie ; j'y tiens infiniment, dussé-je
« même, pour cela, quitter mes galons. Depuis
« longtemps nous sommes amis ; maintenant nous
« allons être frères d'armes ! Quel bonheur ! Te
« rappelles-tu cette promenade sur la terrasse du
« château de Champlitte, quand je te disais que
« parfois je me sentais une envie irrésistible de
« partir avec toi, et ma répugnance pour le ma-
« riage, et les sages conseils que tu me donnais
« alors ? N'était-ce pas un pressentiment de ce qui
« arrive aujourd'hui ? J'ai suivi tes conseils ; je
« n'ai rien à me reprocher sous ce rapport, et
« voilà cependant que la destinée ( tu dirais la
« Providence) va nous rapprocher dans quelques
« jours, et faire combattre à côté l'un de l'autre
« le remplaçant et le remplacé ! Adieu, ou plutôt
« au revoir, ami. »

Cette lettre causa, comme nous l'avons dit, une vive surprise, mais aussi une grande joie à Théodore. Il allait enfin trouver un ami, un cœur dans lequel il pourrait épancher le sien, qui partagerait ses joies et ses peines, et sur le dévouement et l'affection duquel il pourrait compter en toute circonstance. Sans doute tout le monde l'aimait dans sa compagnie, depuis les deux tambours Casaubon et Beauvalet jusqu'au dernier soldat ; ses chefs mêmes, officiers et sous-officiers, à l'exception du capitaine Roger, avaient pour lui des égards, et lui témoignaient de l'estime ; le commandant continuait, dans l'intimité, à le traiter plutôt comme un égal que comme un inférieur ; mais avec tout cela il ne pouvait se flatter de rencontrer cette amitié inviolable, sincère, à toute épreuve, qu'il trouvait dans Louis Vermont. Les amitiés de collége, quand elles sont fondées sur une estime réciproque et d'honorables sentiments, sont les plus vraies et les plus durables.

Dès que Théodore put trouver l'occasion de voir en particulier le commandant de Beauvoir, il lui fit part de la lettre de son ami. « Je suis très-content, répondit le chef de bataillon, de ce que vous me dites de M. Vermont. L'affection réciproque qui vous unit l'honore à mes yeux, et je verrai avec plaisir entrer dans notre bataillon un brave de plus, qui a pour lui l'avantage d'avoir déjà acquis une certaine expérience militaire. Dès qu'il sera ici, vous me l'amènerez. »

Théodore attendait chaque jour avec impatience l'arrivée de son ami ; il tremblait que le bataillon ne reçût l'ordre de quitter Mayence avant que celui-ci l'eût rejoint. Enfin, un jour, dans la matinée, le bataillon dut se tenir prêt à partir pour le lendemain, et Louis Vermont n'était pas là.

Dans l'après-midi, tandis que la troupe était occupée à rendre les effets de casernement, un homme entre dans la cour et s'élance au cou de Théodore, en le serrant étroitement dans ses bras. « Oh! mon ami, que je suis heureux de te revoir! » Telles furent les seules paroles qu'il put prononcer, tant son émotion était forte. Tous les jeunes soldats qui se trouvaient là reconnurent Louis Vermont, qu'ils avaient remarqué à leur passage à Champlitte, et qu'ils savaient être l'ami de leur chef.

Théodore était de corvée, dans ce moment, pour transporter des effets de literie; comprenant, avec une sorte de délicatesse instinctive, que les deux amis avaient besoin d'être seuls dans cette première entrevue, tous ceux de ses camarades qui se trouvaient libres s'offrirent à le remplacer. Il prit le premier venu, et, après avoir obtenu la permission du sous-officier de garde, il sortit et conduisit son ami chez le commandant. Celui-ci fit un fort bon accueil au soldat, et acquiesça à sa demande d'être placé dans la compagnie de Théodore. Seulement, comme il n'y avait en ce moment-là aucune place de sous-officier vacante, il devrait quitter provisoirement son galon, comme Louis l'avait proposé lui-même, sauf à le reprendre à la première vacance.

Le commandant accorda aux deux amis la permission de dix heures, afin qu'ils eussent le temps de causer ensemble de ce qui les intéressait, et de se livrer en liberté aux épanchements de l'amitié.

## CHAPITRE II

LE ÂME DE FEU

Le lendemain, de bonne heure, le bataillon se dirigea sur Wurtzbourg, où se trouvait le corps d'armée commandé par le maréchal Ney, dont il était appelé à faire partie. Tout en marchant, le bataillon répétait les manœuvres que Napoléon avait spécialement recommandées, et qui consistaient à former le bataillon carré, à le déployer en ligne, puis à le reployer en colonnes d'attaque. La compagnie du capitaine Roger se distinguait particulièrement dans ces manœuvres, par l'ensemble, la rapidité et la régularité de ses mouvements. Personne n'ignorait la cause de cette instruction extraordinaire, due à l'initiative de Théodore de Cerny pendant son commandement provisoire. Le capitaine seul l'ignorait, ou feignait de ne pas le savoir; aussi, quand on lui faisait compliment de la bonne tenue de sa compagnie, il se rengorgeait fièrement, et répondait : « Voilà comme nous élevions les jeunes gens de mon temps dans l'armée de Moreau. Mais c'était bien encore autre chose ! Ah ! si vous aviez vu nos volontaires de la république !... »

Tous ses soldats riaient de ses fanfaronnades, et Louis Vermont disait à Théodore : « Mon ami, ce qui doit te consoler d'entendre donner à un autre des éloges qui te sont dus, c'est que cet usage paraît être de tous les temps et de tous les pays : rappelle-toi le *Sic vos non vobis* de Virgile, que nous traduisions au lycée. »

Les étrangers, les ennemis de la France, qui avaient cru sa puissance militaire anéantie dans la fatale retraite de Moscou, contemplaient avec un étonnement mêlé de stupeur cette armée jeune, brillante, créée avec une prodigieuse rapidité par le génie de Napoléon. Un grand historien contemporain nous a fait connaître le secret de cette merveilleuse création.

« Par son génie particulier, dit-il, la nation française se prêtait merveilleusement aux desseins de Napoléon. Cette nation prompte, intelligente et héroïque, qui depuis les premiers temps de son histoire n'a cessé d'être en guerre avec l'Europe, qui pendant vingt-deux ans de révolution, de 1792 à 1815, ne s'est pas reposée un jour, tandis que les nations avec lesquelles elle était successivement aux prises se reposaient tour à tour, est la seule peut-être au monde dont on puisse en trois mois convertir les enfants en soldats. En 1813, la chose était plus facile que jamais. Napoléon possédait des sous-officiers, des officiers et des généraux consommés, qui avaient pratiqué vingt ans la guerre, qui avaient en eux-mêmes et en lui une confiance sans bornes, qui, tout en lui gardant rancune du désastre de Moscou, voulaient réparer ce désastre; et il ne leur fallait pas beaucoup de temps pour s'emparer de cette jeunesse française, et la remplir de tous les sentiments dont ils étaient animés. Avec de tels éléments on pouvait encore accomplir des prodiges (1). »

Et plus loin le même historien ajoute : « Ces généraux, ces officiers, les uns venant d'Espagne ou d'Italie, les autres échappés miraculeusement de Russie, et apaisés après un moment d'irritation, étaient indignés de voir, non pas la gloire de la France, mais sa puissance, mise en doute, étaient résolus, pour la rétablir, à des efforts extraordinaires, et, tout en blâmant la politique qui les condamnait à des efforts désespérés, avaient tellement communiqué leur esprit à leurs jeunes soldats, que ceux-ci, naguère arrachés avec peine à leurs

---

(1) M. Thiers, *Histoire du Consulat et de l'Empire*, t. XV, p. 440 et 441.

familles, montraient une ardeur singulière et poussaient avec enthousiasme le cri de : « Vive l'empereur! » chaque fois qu'ils apercevaient Napoléon; Napoléon, l'auteur des guerres sanglantes dans lesquelles ils allaient presque tous périr, l'auteur détesté par leurs familles, naguère encore détesté par eux-mêmes, et tous les jours blâmé hautement dans les bivacs et les états-majors : noble et touchante conséquence du patriotisme au désespoir! »

Tel était l'esprit de cette armée improvisée à laquelle appartenaient nos deux amis, tous deux bien résolus à se signaler quand l'occasion s'en présenterait.

Le corps d'armée du maréchal Ney se composait de quatre belles divisions d'infanterie française, formées avec des cohortes et des régiments provisoires, et comprenant quarante-deux mille fantassins présents au drapeau. On y avait joint un corps de cinq à six mille Hessois, Badois, Francfortais, quinze cents artilleurs et cinq cents hussards qui composaient toute sa cavalerie, et élevaient ce corps au chiffre d'environ cinquante mille hommes.

A mesure que les nouveaux régiments arrivaient, le maréchal les exerçait tous les jours, sous ses yeux, autour de Wurtzbourg. Les autres corps d'armée, sous les ordres du maréchal Marmont, du général Bertrand, et la garde impériale, formaient une armée de cent trente-cinq mille hommes, qui, se joignant au corps du prince Eugène, fort de plus de soixante mille hommes, composeraient un effectif d'environ deux cent mille hommes et quatre cent cinquante bouches à feu qu'on opposerait à l'ennemi dans la première rencontre.

Tout le monde pressentait que l'instant approchait où « la poudre allait parler », comme disent les Arabes. Le 24 avril, le maréchal Ney, avec ses jeunes et vaillantes divisions, reçut l'ordre de se diriger sur Weimar, Erfurt et Naumbourg, pour occuper tous les passages de la Saale, avant que l'ennemi eût le temps de s'en emparer; le général Bertrand marchait dans la même direction; et l'empereur lui-même, avec la garde et le corps de Marmont, suivait le maréchal Ney et le général Bertrand.

Après une marche de plusieurs jours, le maréchal Ney franchit la Saale un peu au-dessus de Weissenfels, et déboucha avec tout son corps d'armée dans les immenses plaines qui se déploient au delà de cette rivière. C'est au milieu de ces plaines qu'on rencontre Lutzen : Lutzen, que Gustave-Adolphe a rendu célèbre; que Napoléon, quelques jours après, devait rendre plus célèbre encore.

Suivant les instructions de Napoléon, le maréchal Ney cheminait à travers la plaine de Weissenfels, avec la division Souham, dont faisait partie le bataillon de Théodore et de son ami. Toute la division était formée en carrés, disposés d'une manière à se soutenir les uns les autres. Dans le lointain, on apercevait quelques avant-postes de cavalerie ennemie.

« Ou je me tromperais fort, dit Louis à Théodore placé à côté de lui, ou nous allons avoir tout à l'heure du grabuge. Tu vois là-bas ces cavaliers qui caracolent en tous sens; ils sont venus chercher des nouvelles des Français, et nous allons leur en donner. Tiens, ajouta-t-il en riant, et en passant, avec sa mobilité d'esprit ordinaire, d'une idée à une autre, tiens, c'est aujourd'hui que devait avoir lieu mon mariage; eh bien, nous allons danser tout de même, avec une autre musique que celle des violons.

— Silence dans les rangs! cria de sa voix de tonnerre le capitaine Roger en portant ses regards du côté des deux amis, qui lui tournaient le dos.

— Suffit, vieux balafré! murmura tout bas Louis Vermont; on sait aussi bien que toi qu'on ne doit pas empêcher d'entendre le commandement. »

Cependant plus on avançait, plus on voyait augmenter le nombre des ennemis. C'était la première fois que cette vue frappait nos jeunes conscrits; mais, conduits par des officiers qui avaient passé leur vie en sa présence, et par un maréchal dont l'attitude seule aurait suffi pour les rassurer, ils s'avançaient avec le frémissement d'un jeune et bouillant courage. Ils avaient à franchir une ondulation de terrain assez marquée, et apercevaient par delà de nombreux escadrons russes, appuyés par de l'infanterie légère et de l'artillerie attelée. Presque aussitôt éclatèrent sur plusieurs points des détonations d'artillerie, et les boulets passaient au-dessus des têtes de nos jeunes soldats, en déchirant l'air avec un sifflement sinistre.

« Bon ! voilà le brutal qui donne le signal de la fête ; nous allons rire, » dit à demi-voix l'incorrigible babillard Louis.

Très-peu de projectiles atteignirent nos soldats, qui reçurent sans s'étonner ces premières décharges d'artillerie.

Il fallait franchir ce terrain ondulé ; des tirailleurs choisis traversèrent cette espèce de ravin, et forcèrent les tirailleurs ennemis à reculer. Toute la division Souham les suivit, descendit l'enfoncement du sol, remonta sur le côté opposé, puis déboucha en plusieurs carrés dans la plaine. En même temps notre artillerie répondit par un feu très-vif à l'artillerie ennemie, et démonta plusieurs de ses pièces. Après quelques volées de canon, une forte division de cavalerie ennemie s'élança au galop sur nos carrés. C'était le moment critique. Le vieux et intrépide Souham, l'héroïque Ney, les généraux de brigade, se placèrent chacun dans un carré, pour soutenir leur infanterie, qui n'était pas habituée à ce spectacle. Au signal donné, un feu de mousqueterie exécuté à propos accueillit la cavalerie ennemie et l'arrêta court.

« Tiens, ce n'est que ça? disaient nos jeunes Parisiens de la compagnie Roger.

— Pas davantage, répondit Louis Vermont; mais chargez vivement vos armes, car ça va recommencer. »

En effet, un instant après une nouvelle charge à fond, plus terrible que la première, se précipita sur nos carrés. Nos conscrits la reçurent mieux encore que la première fois, et jonchèrent la terre de cavaliers russes. Puis Ney, rompant les carrés et les formant en colonnes d'attaque, poussa l'ennemi devant lui. Il félicita ses braves conscrits, qui remplirent l'air des cris mille fois répétés de : « Vive l'empereur! » A partir de ce moment on pouvait tout espérer d'eux. Ils entrèrent à la suite des Russes dans Weissenfels, les en expulsèrent, et à la chute du jour furent maîtres de ce point décisif. Ney, qui depuis sa jeunesse n'avait jamais combattu avec des soldats aussi novices, se hâta d'écrire à Napoléon, pour lui exprimer sa joie et sa confiance. « Ces enfants, lui disait-il, sont des héros; je ferai avec eux tout ce que vous voudrez. »

Dans ce combat, tout le monde avait fait vaillamment son devoir. Pendant les charges de cavalerie, les deux amis s'étaient battus admirablement, mais sans avoir occasion de se distinguer de leurs camarades. Il n'en fut pas de même pendant la poursuite de l'ennemi en retraite. La compagnie du capitaine Roger, formant d'abord la tête de colonne, fut déployée en tirailleurs, et portée de quelques centaines de pas en avant. Théodore et Louis se trouvaient à l'extrême gauche, et par conséquent ils étaient isolés sur leur droite; mais on ne prévoyait de ce côté aucun danger. Ils s'avançaient donc pleins de confiance, chargeant et déchargeant leur arme chaque fois qu'ils en trouvaient l'occasion. Tout à coup trois cuirassiers ennemis placés en embuscade derrière un petit bouquet de bois fondirent sur eux dans l'espoir de les surprendre.

« Gare à vous ! » leur cria le lieutenant de la compagnie, placé à quelque distance derrière la ligne de tirailleurs. Les jeunes gens aperçurent en même temps les trois cavaliers; Louis avait son fusil chargé; Théodore acheva précipitamment de charger le sien.

« Es-tu prêt? cria Louis; attention, et visons les chevaux, car nos balles pourraient glisser sur les cuirasses. » Les deux coups de fusil partirent en même temps, et deux chevaux s'abattirent lourdement, entraînant leurs cavaliers dans leur chute. Le troisième cavalier, qui n'était qu'à dix pas de Théodore, soit qu'il ne fût pas maître de son cheval, soit qu'il pensât venir facilement à bout de ces jeunes gens dont il n'avait plus à craindre les coups de feu, s'élança vers eux au grand galop. Théodore l'attendit de pied ferme, croisant la baïonnette à la hauteur des naseaux du cheval. L'animal, se sentant piqué, s'arrêta court; son cavalier le maintint de la main gauche et en le pressant des genoux, tandis que de la droite il s'apprêtait à lancer un coup de sabre qui eût été fatal à Théodore; mais celui-ci, conservant toujours son sang-froid, recommença la manœuvre qui venait si bien de lui réussir, et piqua plus violemment qu'il ne l'avait fait les naseaux du cheval. Cette fois l'animal se cabra, malgré les efforts de son cavalier, et, enlevant en l'air ses deux pieds de devant, il se jeta en arrière et tomba avec celui qui le montait.

Cette scène s'était passée dans moins de temps que nous n'en avons mis à l'écrire. Louis, accouru au secours de son ami, arriva juste au moment de la chute du cheval. « Bravo! mon cher, s'écria-t-il, tu as été admirable de sang-froid, ce qui ne m'a pas empêché de trembler un moment pour toi. Allons, rends-toi, » ajouta-t-il en s'adressant au cavalier russe. Le pauvre homme n'était guère en état de résister; sa jambe et sa cuisse droite, engagées sous son cheval, forçaient son corps de rester immobile. Quoiqu'il ne sût pas un mot de français, il comprit les paroles de Louis, et, saisissant son sabre par le milieu de la lame, il le lui tendit en signe de soumission. « Non, non, reprit Louis, ce n'est pas à moi qu'il faut rendre ton arme, mais à lui, qui t'a fait prisonnier. » Et il désignait du geste son ami. Le Russe le comprit également, et tendit son sabre à Théodore.

Dans ce moment, le lieutenant et une dizaine d'hommes accouraient au secours des deux amis. Mais tout était terminé, et ils ne firent qu'aider à relever le cavalier fortement contusionné, ainsi que ses deux camarades, qui n'avaient pu se dégager de dessous leur monture abattue.

Les trois prisonniers furent ramenés en triomphe au milieu du bataillon, qui fit avec eux son entrée à Weissenfels. Ces cuirassiers étaient de vrais colosses, dans toute la force de l'âge, et ayant déjà une longue habitude de la guerre ; et cependant ils avaient été vaincus par des jeunes gens de dix-neuf ans, dont un voyait le feu de l'ennemi pour la première fois. Cette remarque, comme on le pense bien, n'échappa point aux jeunes conscrits qui avaient été témoins de ce fait d'armes ; elle redoubla leur confiance en eux-mêmes, et ôta une grande partie du prestige qu'avaient inspiré ces énormes cuirassiers russes qu'on avait dépeints si redoutables.

Le commandant de Beauvoir avait vu aussi avec la plus vive satisfaction la conduite des deux amis. Cependant il ne se pressa pas de les féliciter, il voulut attendre le rapport de leur capitaine. Ce rapport était on ne peut plus favorable ; car, ainsi que l'avait fait observer le commandant, le capitaine Roger était impartial et juste appréciateur du courage militaire.

« Ainsi vous êtes content de ces jeunes gens ? lui dit M. de Beauvoir. — Très-content, mon commandant ; ils se sont battus comme d'anciens soldats de Moreau. » C'était, dans la bouche du capitaine, le *nec plus ultra* de l'éloge. « Vous n'auriez donc aucune objection à faire si je nommais Louis Vermont sergent, et le jeune de Cerny caporal dans votre compagnie ? — Aucune, commandant, si ce n'est, ajouta-t-il mentalement, que ce de Cerny est fils d'un ci-devant. » Il n'osa pas formuler tout haut cette réflexion ; elle eût pu blesser M. de Beauvoir, à qui, dans ses idées républicaines, il avait le même reproche à adresser.

Le commandant fit venir les deux amis dans la soirée, les félicita chaleureusement de leur conduite, et leur annonça leur promotion pour le lendemain. « J'espère, dit-il à Théodore, que vous ne garderez pas longtemps vos galons de laine, vous avez trop bien enduré le baptême de feu pour en rester là. »

Le lendemain, les deux promotions eurent lieu en présence de tout le bataillon, aux applaudissements non-seulement de leur compagnie, mais de toutes les autres. Quand les rangs furent rompus, les caporaux, les sous-officiers et même les officiers, à l'exception du capitaine, vinrent féliciter les nouveaux élus et leur serrer la main. Il n'y avait pas l'ombre de jalousie de la part de leurs camarades dans ces démonstrations improvisées. Tous rendaient justice à la bravoure, à l'intrépidité des deux amis. Seulement, parmi les anciens, dans les causeries du bivac, le courage de l'un et de l'autre était apprécié à des points de vue différents. Louis était insoucieux du danger et semblait le braver; il allait au combat comme à une fête, toujours riant, toujours le mot pour rire à la bouche; puis, quand la poudre l'avait échauffé, enivré, il s'abandonnait à un emportement dont il n'était plus le maître, et qui souvent était irrésistible. Théodore, au contraire, était toujours sérieux; l'approche du danger laissait sa figure impassible; ses yeux seuls s'animaient et lançaient des éclairs, mais des éclairs d'intelligence et de courage contenu. Toujours maître de lui-même au milieu du péril, il ne bravait pas le danger inutilement; il l'attendait avec sang-froid, le repoussait avec énergie, sachant toujours se défendre ou attaquer à propos. En un mot, Louis était le type du soldat français, et l'on eût dit que Théodore avait puisé dans les brouillards de Londres, où il était né, quelque chose du courage flegmatique des Anglais, qui tempérait sa bouillante ardeur française.

Le combat du 29 avril avait eu le résultat prévu par Napoléon, de faciliter sa jonction avec l'armée du prince Eugène. En effet, dès le lendemain, l'armée du vice-roi, réunie à l'armée impériale, détermina l'empereur à frapper un coup décisif. Ses dispositions prises, le lendemain 1$^{er}$ mai, il monta de bonne heure à cheval, ayant à ses côtés les maréchaux Ney, Mortier, Bessières, Soult, Duroc, et M. de Caulaincourt. Il voulait jouir par ses propres yeux du spectacle qui avait tant charmé le maréchal Ney l'avant-veille, celui de nos jeunes soldats supportant gaiement et solidement les assauts de la cavalerie ennemie.

Cette vaste plaine de Lutzen, quoique fort unie, présentait cependant, comme toute plaine, ses accidents de terrain. En sortant surtout de Weissenfels, on rencontrait un ravin dont le cours était assez long, le lit assez profond, et appelé le Rippach, du nom d'un village qu'il traversait. Dès le matin, les troupes du maréchal Ney y marchèrent avec confiance, disposées en carrés entre lesquels se trouvait l'artillerie, et précédées de nombreux tirailleurs. Parvenues au bord du ravin, elles rompirent les carrés pour le passer, franchirent l'obstacle, reformèrent les carrés et s'avancèrent en tirant le canon. C'était toujours la division Souham qui marchait la première, et avec une excellente attitude. Placé sur une éminence d'où il pouvait suivre tous leurs mouvements, Napoléon éprouva la même satisfaction que Ney deux jours auparavant. Il vit ses conscrits assaillis par des charges réitérées de cavalerie, les repoussant avec une imperturbable bonne humeur, et abattant devant leurs rangs trois à quatre cents cavaliers ennemis. Napoléon, dont le coup d'œil d'aigle ne laissait rien échapper, même les plus petits détails, aperçut, en avant de l'un des grands carrés de la division Souham, une petite troupe d'une centaine d'hommes au plus, formée elle-même en carré, et résistant avec une admirable solidité à l'avalanche de cavaliers qui fondait sur elle de tous côtés. Il était évident pour un œil exercé que c'étaient des éclaireurs de la tête de colonne qui, surpris par l'impétuosité des charges de cavalerie, n'avaient pas eu le temps de se rallier à leur bataillon, et qui, sans doute sous la direction d'un chef habile, résistaient avec une rare intrépidité. L'empereur attira l'attention du maréchal Ney et du reste de son état-major sur ce point. C'était un spectacle émouvant, que de voir cette poignée de braves jeunes gens comme noyés au milieu des flots ennemis qui les débordaient de toutes parts. On s'attendait à chaque instant à les voir sabrer jusqu'au dernier. Enfin la colonne à laquelle ils appartenaient fit quelques pas en avant, les dégagea et les recueillit dans ses rangs. Un mouvement de satisfaction se manifesta dans l'état-major de l'empereur, que ce spectacle avait vivement ému et intéressé.

« Maréchal, dit Napoléon en s'adressant à Ney, informez-vous du régiment auquel appartient ce petit détachement. Je veux que vous me les présentiez tous à la prochaine revue que je passerai de votre corps d'armée. »

Ney s'inclina en signe d'assentiment. En ce moment, un événement déplorable vint faire une cruelle diversion à la satisfaction qu'avait causée à l'empereur la conduite de ses conscrits. Le maréchal Bessières, s'étant un peu porté sur la droite afin de mieux observer le mouvement de retraite qui commençait à se prononcer chez l'ennemi, fut tout à coup frappé en pleine poitrine d'un boulet qui l'étendit sans vie aux pieds de son cheval. Napoléon, qui aimait et estimait Bessières, lui donna des regrets sincères. Il se rendit ensuite à Lutzen, alla visiter le monument de Gustave-Adolphe, frappé comme Épaminondas au sein de la victoire, et ordonna qu'on élevât aussi un monument à Bessières, duc d'Istrie, tué dans les mêmes lieux. Il lui consacra quelques belles paroles dans le bulletin de la journée, et écrivit à sa veuve une lettre faite pour enorgueillir une famille, et la consoler autant que la guerre console.

# CHAPITRE III

LA CROIX D'HONNEUR DONNÉE PAR L'EMPEREUR APRÈS LA BATAILLE

Les brillants combats de Weissenfels, des 29 avril et 1er mai, avaient heureusement inauguré la campagne, et semblaient le présage de nouveaux succès. La mort de Bessières avait, il est vrai, jeté un voile de tristesse sur ces deux belles journées, et un grand nombre y voyaient un funeste augure pour l'avenir. Mais la marche rapide des événements ne permettait pas de s'appesantir sur ces réflexions.

Dès le lendemain, 2 mai, fut livrée la mémorable bataille de Lützen, une des dernières faveurs accordées par la fortune à nos armes. Nos lecteurs ne s'attendent pas sans doute à ce que nous allions leur faire le récit détaillé de cette sanglante journée, dans laquelle trois cent mille hommes combattirent, pendant dix à douze heures, avec un acharnement au delà de toute expression, sur un espace de plusieurs lieues d'étendue. Nous ne parlerons seulement que de quelques-uns des faits relatifs à la division Souham, dont faisaient partie nos deux amis.

Cette division occupait les villages de Gross-Gœrschen, Klein-Gœrschen et Rahna. Quatre bataillons étaient placés en avant de Gross-Gœrschen, avec de l'artillerie. Vers midi, Blücher attaqua avec des forces supérieures cette position. Nos jeunes soldats firent bonne contenance; mais deux ou trois de leurs pièces ayant été démontées, et l'infanterie prussienne les abordant avec une extrême vigueur, ils furent rejetés dans Gross-Gœrschen, puis débordés de droite et de gauche, et culbutés sur Rahna et Klein-Gœrschen, formant la seconde position. Là ils rejoignirent le reste de la division Souham, qui comprenait le bataillon du commandant de Beauvoir. Le vieux général, qui joignait à une rare intrépidité une expérience de vingt années, se défendit avec vigueur sur ce terrain. Mais Blücher, qui tenait à s'emparer de la position, revint à la charge avec de nouveaux renforts de troupes fraîches, et attaqua avec tant d'impétuosité Klein-Gœrschen et Rahna, qu'il parvint à ébranler la division Souham. On se battit corps à corps dans les jardins et les larges places de ces deux villages, et enfin les Prussiens, animés par une sorte de rage, parvinrent à repousser nos jeunes soldats.

En ce moment Ney, qui avait accompagné l'empereur dans la direction de Leipsick, accourait au bruit de la canonnade annonçant que son corps d'armée était aux prises avec l'ennemi. Quand Ney arriva, l'action était d'une extrême violence. Mais, à l'aspect de ce visage énergique, de ce maréchal aux yeux ardents, au front élevé, dominant un corps carré d'une forme athlétique, nos jeunes soldats reprirent confiance. Ney les rallia derrière la division Brenier, et, comme invulnérable sous un feu continu d'artillerie, il fait ses dispositions pour reconquérir les villages abandonnés. On y marche, en effet, tête baissée. Nos conscrits, sous l'impulsion qui leur est donnée, rentrent presque en même temps dans Klein-Gœrschen et Rahna. Là le combat devient furieux. On lutte corps à corps au milieu des ruines de ces villages. Nos jeunes soldats, qui assistaient pour leur début à une des plus cruelles boucheries de cette époque, étaient comme enivrés par la poudre et la nouveauté du spectacle. Ils restent maîtres des deux villages, et repoussent les Prussiens jusque sur Gross-Gœrschen, leur première conquête.

De semblables scènes de carnage s'étendent d'une aile à l'autre pendant plus de huit kilomètres. Enfin, à l'approche de la nuit, et malgré Blücher, qui voulait tenter encore un dernier effort, l'empereur de Russie, Alexandre, ordonne la retraite, et notre armée couche sur ce champ de bataille couvert de ruines, inondé de sang, que les coalisés sont obligés de nous abandonner après nous l'avoir disputé si longtemps. Malheureusement nous ne possédions plus de cavalerie pour poursuivre les vaincus, et ramasser par milliers les prisonniers et les canons. D'ailleurs, devant un ennemi se battant avec un tel acharnement, il y avait lieu d'être circonspect, et il fallait renoncer à recueillir les principaux trophées de la victoire.

Le lendemain, 3 mai, Napoléon était à cheval dès la pointe du jour pour faire relever les blessés, remettre l'ordre dans ses troupes, et disperser l'ennemi. La division Souham fut prévenue qu'entre dix et onze heures du matin l'empereur la passerait en revue. C'était une de celles qui avaient le plus souffert dans la grande bataille de la veille; cependant le bataillon du commandant de Beauvoir n'avait pas été trop maltraité, quoiqu'il eût vaillamment combattu pendant toute la journée.

A l'annonce de la visite de l'empereur, les soldats oublièrent subitement leurs fatigues, et se mirent gaiement à fourbir leurs armes, à brosser leurs vêtements, en un mot, à faire, autant que le permettaient les circonstances, une toilette militaire convenable.

Pendant qu'ils étaient occupés de ces préparatifs, les conversations les plus variées animaient les divers groupes de soldats. Les événements de la veille étaient, comme on le pense bien, le sujet principal de tous les entretiens; on donnait un regret aux camarades tués au champ d'honneur, on plaignait les blessés, mais tout cela dans un langage qui n'avait rien de triste ni de lugubre.

« Eh bien ! qu'en penses-tu, mon vieux camarade? disait Louis Vermont à son ami, voilà un début qui promet. En quatre jours deux combats et une grande bataille! j'espère que nous en avons eu de l'agrément, comme dit le tambour Casaubon; pour moi, je ne me suis jamais tant amusé; et toi?

— Moi, je ne me suis pas amusé, je me suis battu, voilà tout, et je ne trouve pas que ce soit un amusement.

— Et tu peux ajouter que tu t'es bravement battu; mais ce qui m'étonne, c'est que tu dises que ça ne t'amuse pas, tandis que moi c'est tout le contraire.

— Que veux-tu, cela prouve que nous avons des goûts différents. Ainsi je t'avouerai qu'en principe, comme chrétien, comme philosophe, j'ai horreur de la guerre, et le triste spectacle dont j'ai été témoin hier n'est pas fait pour me la faire aimer; mais, quand mon devoir de soldat m'appelle, quand le tambour ou le clairon donne le signal, je cours à mon poste, et, une fois le combat engagé, je fais de mon mieux.

— C'est donc pour cela que tu es toujours sérieux comme un ermite quand tu te bats, tandis que moi je ris comme un fou. »

Ici les conversations particulières furent interrompues par les roulements du tambour qui appelaient les soldats à prendre les armes. En quelques minutes les deux brigades de la division Souham furent rangées en bataille dans la plaine. Après une inspection sommaire faite par les chefs de chaque corps, on entendit dans le lointain des tambours battre aux champs, et des cris de : « Vive l'empereur ! » qui dominaient le bruit des tambours. C'était la division Gérard, placée à droite de la division Souham, qui annonçait ainsi la présence du souverain.

Un instant après, Napoléon arrivait, au milieu des mêmes cris, devant la division Souham. Il passa d'abord au galop devant le front des deux brigades, puis il revint au centre et s'y arrêta. Un nombreux état-major l'entourait. Il adressa au général Souham des félicitations sur la belle conduite de sa division dans la bataille de la veille et dans les deux combats qui l'avaient précédée, puis il lui demanda une note des promotions et des récompenses à donner. Le général s'excusa en disant qu'il n'avait pas encore reçu les rapports des généraux de brigade, ni des colonels et autres chefs de corps.

« Je le conçois, répondit Napoléon ; l'affaire n'a fini que tard, et la fatigue n'a pas permis de se livrer à ce travail ; aussi ce n'est pas un rapport détaillé que je vous demande : dites-moi seulement de vive voix quels sont ceux de vos officiers, ou même de vos soldats, qui se sont distingués d'une manière particulière; car je ne veux pas terminer ma visite sans distribuer quelques récompenses. Ceci ne vous empêchera pas d'envoyer le plus tôt possible vos rapports au général Ney, qui me les fera parvenir sur-le-champ. »

Le général Souham nomma alors un de ses aides de camp, ses deux généraux de brigade, quelques colonels et chefs de corps, au nombre desquels était le commandant de Beauvoir, puis plusieurs sous-officiers et soldats qu'il avait lui-même remarqués dans l'action.

« C'est bien, reprit Napoléon; vous allez me présenter tous ceux que vous venez de nommer; mais auparavant, général, je dois vous dire qu'il y a deux omissions dans votre rapport verbal. »

Le général, étonné, regardait l'empereur avec une surprise qui n'était pas sans mélange de crainte. Napoléon, sans paraître y faire attention, continua :

« Ainsi, vous ne me dites rien de vous-même; il est vrai que ce n'était pas à vous d'en parler, mais au maréchal Ney, qui s'est empressé de vous rendre justice; d'ailleurs moi-même je vous ai vu à l'œuvre hier, au plus fort de la bataille, et avant-hier au combat de Weissenfels; mais l'omission dont je veux parler est celle du fait d'armes d'une poignée de jeunes soldats de votre division qui, à ce dernier combat, ont résisté avec autant d'intelligence que de courage à plusieurs charges effroyables de cavalerie.

— Sire, répondit le général, j'ai consigné ce fait dans mon rapport à M. le maréchal; et si je ne vous en ai pas parlé, c'est parce que j'ai cru que vous me demandiez seulement compte de ce qui s'était passé à la bataille d'hier.

— Les deux combats de Weissenfels ont préparé et amené notre victoire; ils en sont le prélude, et par conséquent ils lui appartiennent. Mais, puisque vous tenez à me parler de ce qui s'est passé hier, pourriez-vous me dire si les mêmes jeunes gens ont montré dans la bataille le même courage et le même sang-froid que dans le combat de la veille?

— Sire, je ne pourrais pas vous parler individuellement de ces jeunes gens; mais ce que je sais, c'est que le bataillon auquel ils appartiennent s'est montré d'une intrépidité et d'une solidité à toute épreuve : c'est pour cela que je vous ai désigné tout à l'heure le chef de bataillon qui le commande, M. de Beauvoir.

— C'est bien; alors faites venir M. de Beauvoir, et qu'il amène avec lui tous ceux qui ont pris part au fait d'armes dont j'ai parlé. »

Ces ordres furent promptement exécutés. Les officiers généraux et les officiers supérieurs mandés se placèrent à la droite de cette réunion de militaires de tous grades; venaient ensuite les simples officiers, puis les sous-officiers et les soldats. Comme le détachement appartenant au bataillon du commandant de Beauvoir était plus nombreux à lui seul que tout le reste de la réunion, il se tenait rangé en bataille à quelques pas en arrière.

Quand tout le monde fut arrivé, l'empereur leur adressa une de ces courtes mais pénétrantes allocutions dont il avait le secret; puis il procéda immédiatement aux promotions et aux récompenses annoncées. Il commença par le général Souham, qu'il créa grand-officier de la Légion d'honneur et baron d'empire; ensuite il continua en suivant l'ordre hiérarchique, descendant jusqu'aux simples soldats.

Restait le détachement. L'empereur fit avancer le commandant de Beauvoir. Il l'interrogea à voix basse; le chef de bataillon répondit de même; puis l'empereur lui adressa de nouvelles questions, et cet entretien dura près de dix minutes. Enfin Napoléon, élevant la voix, ordonna au commandant de faire approcher ses hommes. Ceux qui venaient d'être promus ou décorés se retirèrent pour leur faire place. « Jeunes gens, leur dit-il, vous vous êtes bravement comportés avant-hier; j'ai été témoin de votre conduite, et j'ai su l'apprécier. De quel département êtes-vous? — Nous sommes tous enfants de Paris, répondirent-ils. — Très-bien ; votre fait d'armes sera mis à l'ordre du jour de l'armée. » Un cri de : « Vive l'empereur ! » accueillit cette déclaration. L'empereur reprit : « Vous avez tous mérité la croix, et je ne doute pas que chacun de vous ne l'obtienne par la suite ; mais aujourd'hui je ne puis la donner qu'au chef qui vous commandait ; car il a fait preuve de présence d'esprit et d'un admirable sang-froid. Commandant, ajouta-t-il en s'adressant à M. de Beauvoir, quel était l'officier qui était à leur tête ?

— Sire, ils n'en avaient pas. Au moment où le lieutenant qui les commandait allait les faire battre en retraite, il a été tué. L'autre section de la compagnie est rentrée à temps dans nos rangs ; mais celle-ci, privée de son chef, privée même de deux anciens sous-officiers, qui venaient d'être mis hors de combat, a hésité un instant, et allait se mettre à fuir en désordre, ce qui aurait inévitablement entraîné sa destruction, quand un simple caporal les a arrêtés, leur a fait comprendre le danger auquel ils allaient s'exposer. Les soldats de la compagnie, qui ont en lui une entière confiance, s'écrièrent : « Eh
« bien ! que faut-il faire ? Commandez-nous, et nous
  vous obéirons. — Cependant nous avons encore
« un sergent, et les autres caporaux sont plus an-
« ciens que moi. — Nous voulons que vous seul com-
« mandiez, ou nous allons crier : « Sauve qui peut ! »

Le sergent, qui est l'ami intime de ce caporal, lui fit entendre que dans un moment aussi critique une minute d'hésitation de plus perdrait tout. Aussitôt le caporal se décida, prit le commandement, forma sa petite troupe en carré, et sut lui inspirer une telle confiance, que les charges les plus furieuses de cavalerie ne purent l'ébranler. Il fut admirablement secondé par son ami le sergent, qui lui servait d'aide de camp et de lieutenant. »

Napoléon connaissait déjà une partie de ces faits, soit par la bouche du maréchal, soit par ce que lui avait appris le commandant dans la conversation qu'ils avaient eue à voix basse ; mais il avait ses intentions en exigeant que M. de Beauvoir racontât à haute voix ces détails.

Quand le commandant eut terminé son récit : « Faites sortir des rangs, dit Napoléon, le caporal de Cerny et le sergent Vermont. »

Nos lecteurs avaient sans doute déjà deviné qu'il était question de nos deux amis.

Théodore s'avança les yeux baissés et en rougissant comme une jeune fille ; Louis avait la figure rayonnante, et la joie éclatait dans ses yeux, qu'il ne songeait guère à baisser comme faisait son ami.

« Caporal de Cerny, dit l'empereur, quel âge avez-vous ? — Dix-neuf ans et demi, Sire. — Combien de service ? — Trois mois. — Je regrette que le peu de temps de service que vous avez ne me permette pas de vous nommer d'emblée officier ; mais en attendant recevez la croix d'honneur, que vous avez si bien méritée. » En disant ces mots il détacha la croix qu'il portait sur la poitrine, et la remit à un de ses officiers d'ordonnance, qui s'empressa de l'attacher sur l'uniforme du nouveau chevalier. Une immense clameur de bravos et de cris de : « Vive l'empereur ! » partis des rangs du petit détachement, s'éleva aussitôt dans les airs, couvrant le bruit des tambours qui battaient un triple ban. Ce cri, comme un écho lointain, fut répété par le bataillon tout entier, qui, sans savoir ce qui se passait, s'en doutait un peu.

Ce bruit était à peine apaisé, que l'empereur, s'adressant à Louis Vermont, lui dit d'un ton qui paraissait presque sévère : « Pourquoi n'avez-vous pas pris le commandement dans l'affaire d'avant-hier, comme votre grade vous en imposait le devoir? » Malgré son assurance habituelle, le pauvre garçon fut déconcerté par cette question, qui semblait lui annoncer des reproches au lieu d'une récompense qu'il attendait. « Remettez-vous, lui dit l'empereur avec bonté ; je vais maintenant vous adresser d'autres questions auxquelles vous répondrez facilement. Votre âge? — Pas tout à fait vingt ans, Sire. — Combien de service? — Deux ans, et trois campagnes en Espagne. — Eh bien, comment se fait-il alors que vous ayez laissé à votre ami, qui voyait le feu pour la première fois, la responsabilité d'un commandement qui vous appartenait de droit par l'âge, le grade et l'ancienneté de service? »

Cette fois le ton de l'empereur n'avait plus rien de sévère, et Louis, complétement rassuré, lui répondit sans hésiter :

« Sire, il y a dix ans que je connais de Cerny, ses talents, sa capacité, son instruction militaire (car il a été deux ans sergent-major au lycée de Reims, et il nous faisait manœuvrer mieux que le capitaine instructeur lui-même). Il a de plus un sang-froid et une sûreté de coup d'œil que je suis loin de posséder. Il était donc le seul parmi nous qui fût capable de nous tirer du mauvais pas où nous nous trouvions. D'ailleurs tous les hommes de la compagnie, qu'il a amenés de Paris au dépôt en les exerçant sur la route, ont en lui une confiance qu'ils n'auraient pas eue en moi, et jamais je n'aurais su m'en faire obéir avec cette rapidité et cette régularité qu'ils mettaient dans leurs mouvements : c'était un signe de la confiance que leur inspirait leur nouveau chef, ainsi que de l'assurance du succès. Si par un faux point d'honneur, à cause de mon grade, j'avais voulu conserver le commandement, j'aurais peut-être réussi à nous faire tous tuer honorablement; mais je doute fort que j'eusse été capable de nous ramener tous sains et saufs après une belle défense.

— J'accepte vos explications. C'est un mérite que de savoir faire à propos le sacrifice de son amour-propre, et de céder, dans certaines circonstances, sa place à celui qu'on juge plus capable de la remplir. C'est à moi de récompenser cette espèce de mérite, d'autant plus grand qu'il est plus rare. Comme en outre vous vous êtes montré bravement en combattant en second à côté de votre ami, et qu'à la bataille d'hier vous vous êtes signalé deux fois à l'attaque de Klein-Gœrschen, par ces motifs je vous nomme chevalier de la Légion d'honneur. »

Cette fois il ne détacha pas sa croix de sa poitrine, comme il l'avait fait pour de Cerny; mais, sur un signe du grand maréchal du palais, un officier de l'état-major impérial tira d'une petite cassette une décoration qu'il remit à Louis. Puis il congédia les deux jeunes gens par ces mots :

« Allez, mes enfants; continuez à vous bien conduire, et ma protection ne vous manquera pas. »

Quand les nouveaux gradés et décorés eurent regagné leurs rangs, Napoléon, s'adressant à son entourage, composé de maréchaux, de généraux et d'officiers supérieurs de tous grades, leur dit :

« Messieurs, que pensez-vous de cette jeunesse? Il y a deux à trois mois que plusieurs d'entre vous doutaient qu'il fût possible de former avec ces éléments une armée capable de résister aux phalanges aguerries de la Prusse et de la Russie. Eh bien!

7*

vous les avez vus à l'œuvre, vous les avez entendus parler ; maintenant je suis persuadé que vous êtes de l'avis de Ney, qui m'écrivait il y a deux jours : « Ces enfants sont des héros; avec eux je ferai tout « ce que vous voudrez. » Les deux combats de Weissenfels et la bataille de Lutzen ont jugé la question. » A ces mots il piqua des deux, et poursuivit sa course au galop dans une autre direction.

L'empereur cherchait-il à faire illusion à ses généraux, ou bien se la faisait-il à lui-même? Il est permis d'en douter. Certes, ces enfants, à peine sortis de l'adolescence, tout brillants de la séve et du feu de la jeunesse, pouvaient dans un combat lutter avec avantage contre de vieilles troupes mieux exercées, non pas plus braves. Mais ce qui constitue le soldat, ce n'est pas seulement la valeur et l'intelligence sur le champ de bataille, c'est encore la force de supporter les fatigues, les privations, les marches forcées; et ces jeunes gens, dont le tempérament n'était pas formé, qui pouvaient à peine soutenir le poids de leurs armes et de leurs sacs, devaient nécessairement succomber à ces épreuves, supérieures à leurs forces physiques. C'est ce qui arriva, en effet, dans cette malheureuse campagne, où il périt plus de nos jeunes soldats par l'épuisement que par le fer de l'ennemi.

Le retour de Théodore et de Louis à leur bataillon fut un véritable triomphe. Chacun s'empressait de les féliciter, de leur serrer la main; officiers, sous-officiers et soldats sentaient que l'honneur qui venait d'être fait à ces jeunes gens rejaillissait sur le bataillon tout entier. Ils furent en quelque sorte plus fêtés que le commandant lui-même, qui venait d'être nommé officier de la Légion d'honneur. Seulement, quand celui-ci, après un roulement de tambours, ayant fait faire silence, eut proclamé officiellement les nouveaux chevaliers et promu le caporal de Cerny au grade de sergent, un cri de : « Vive le commandant! » partit de tous les rangs et se mêla aux cris de : « Vive l'empereur! »

C'était quelque chose de curieux à examiner que la physionomie de nos deux nouveaux décorés. Louis n'avait plus cet air radieux qui éclatait sur sa physionomie quand il s'était rendu auprès de l'empereur; il était plus heureux sans doute; il éprouvait une émotion profonde, comme jamais il n'en avait ressenti de sa vie : son bonheur l'étouffait; aussi, dès qu'il put saisir le moment de se trouver seul avec son ami, il lui sauta au cou, l'embrassa sans dire un mot; mais des larmes coulaient de ses yeux.

« Qu'as-tu donc, Louis? dit Théodore en souriant; tu pleures, je crois? je ne vois pas pourtant ce qui peut t'affliger.

— C'est de joie que je pleure, reprit Louis en se hâtant d'essuyer ses larmes. Que veux-tu, j'ai été tellement ému de ce qui s'est passé tout à l'heure, que j'en étouffais ; vingt pièces de canon chargées à mitraille et dirigées contre moi ne me feraient pas tant d'effet. Je sens bien que c'est bête, que c'est ridicule ; mais c'est plus fort que moi. Tu es bien heureux, toi, de rester impassible sous les regards pénétrants de cet homme. »

En effet, la physionomie de Théodore était restée la même avant comme après la présentation à l'empereur. Cependant son cœur avait été inondé d'un juste orgueil et d'une joie excessive quand il s'était vu décoré d'une manière si honorable de la main de Napoléon ; mais son émotion était contenue et restait, pour ainsi dire, tout intérieure ; aucun mouvement n'animait son visage ; seulement ses yeux lançaient des éclairs de bonheur. Louis, qui connaissait bien son ami, ajouta : « Et depuis ce moment ton calme ne t'a pas abandonné ; de sorte qu'on croirait que tu n'apprécies pas à sa valeur l'insigne faveur dont tu as été l'objet, si le feu de tes yeux ne prouvait le contraire.

— Et quand même mes yeux ne le prouveraient pas, répondit Théodore, tu connais assez mon cœur pour que tu n'aies pas le moindre doute à cet égard. Nous n'avons pas l'un et l'autre la même manière de sentir : la tienne est plus expansive, la mienne plus concentrée ; mais elle n'en est pas moins vive pour cela. Je conserverai toute ma vie le souvenir de cette journée.

— Certainement, reprit vivement Louis, je n'ai pas eu un instant le moindre doute sur tes sentiments ; toutefois je trouve que tu les manifestes trop peu, et j'aurais voulu t'entendre les exprimer devant tous les camarades comme tu viens de le faire devant moi. Je sais du reste que tu n'aimes pas ces sortes de démonstrations publiques, et que tu préfères ouvrir ton cœur dans l'intimité à un ami ; il te répugne de le faire devant des gens dont une partie ne vous comprend pas, dont une autre vous écoute avec indifférence, et une troisième peut-être avec malignité et dans l'intention de vous critiquer. Voilà ce que tu m'as dit bien des fois en d'autres circonstances ; je vois que tu n'as pas changé, et tu vois que de mon côté j'ai bonne mémoire. Ah ! à propos, fit-il tout à coup comme frappé d'une réminiscence, tu me disais ce matin que tu avais horreur de la guerre ; je désirerais savoir si ta rencontre de tout à l'heure avec celui que les poëtes de cour et bon nombre de flatteurs appellent le « Dieu de la guerre » n'a pas modifié un peu tes idées à cet égard.

— En aucune manière ; seulement j'avoue que l'entrevue dont tu parles m'a attaché irrévocablement à la cause de Napoléon, et que je le servirai dans la bonne comme dans la mauvaise fortune avec un entier dévouement.

— Bravo ! camarade, j'en puis dire autant de mon côté ; mais que parles-tu de mauvaise fortune ? ne vois-tu pas que la campague s'ouvre sous les plus brillants auspices, et qu'avant peu l'échec éprouvé dans la campagne de Russie sera réparé complétement.

— Je le souhaite de tout mon cœur, répondit Théodore ; malheureusement j'en doute ; malgré le beau début de cette guerre, je crains que la fin n'en soit déplorable.

— Et qui peut t'inspirer de pareilles craintes ?

— A vrai dire, je n'en sais rien ; c'est un pressentiment, voilà tout : parfois je cherche à le repousser, mais il revient toujours comme une mauvaise pensée.

— Et c'en est une, en effet, qu'il faut t'efforcer de chasser de ton esprit. Ah ! j'oubliais, tout en bavardant, que l'adjudant-major m'a recommandé, de la part du chef de bataillon, d'aller le plus tôt possible faire une visite aux officiers de la compagnie, et il m'a remis à cet effet une paire de galons de sergent que je vais t'attacher en deux tours de main. Cela sera d'autant plus facile, que les galons de caporal, que tu n'auras portés que quarante-huit heures, n'étaient fixés qu'avec des épingles. »

Ils se rendirent d'abord chez le capitaine Roger. Cinq autres capitaines du bataillon se trouvaient chez lui ; ils étaient venus le féliciter de l'honneur fait à sa compagnie et à tout le bataillon lors de la revue de l'empereur. Le vieux soldat de la république recevait ces félicitations avec un air bourru et une humeur de dogue prêt à mordre. Les officiers, qui le connaissaient, n'y firent pas attention, et continuèrent leurs compliments. « Ah çà ! collègue, dit enfin l'un d'eux, vous paraissez mécontent de ce qui serait pour chacun de nous un grand sujet de satisfaction : deux croix données à votre compagnie, sur le champ de bataille ! c'est charmant ; une partie de cette compagnie mise à l'ordre du jour de l'armée ! c'est admirable ; et, en vérité, je ne conçois pas votre mauvaise humeur.

— Cela vient peut-être, observa un autre, de ce que le capitaine Roger regrette de n'avoir pas été décoré lui-même. »

Ces mots firent l'effet de l'étincelle qui enflamme la poudre. Jusque-là Roger n'avait répondu à ses collègues que par des monosyllabes ; tout à coup il se lève comme poussé par un ressort : « Moi ! s'écrie-t-il avec un air de raillerie dédaigneuse, moi, que je désire attacher ce hochet à ma boutonnière ! vous ne connaissez pas le capitaine Roger pour avoir conçu de lui une pareille idée. Apprenez que de tout temps, et dès son origine, j'ai su apprécier la vanité de ces décorations, véritables instruments du despotisme. Si à l'époque de la création de la Légion d'honneur j'avais voulu faire la moindre démarche, j'aurais été décoré comme tant d'autres. Je ne blâme pas ceux qui l'ont été, soit à cette époque, soit depuis (il faisait cette réserve pour ne pas offenser trois de ses collègues présents, et qui étaient décorés) ; chacun à ses idées. Moi, je pense comme Moreau. Quand le premier consul Bonaparte créa la Légion d'honneur, Moreau ne voulut pas en faire partie ; et, pour montrer combien il se moquait de cette institution, un jour qu'il avait donné un grand dîner, dont tous les convives faisaient l'éloge, il fit monter son cuisinier, et, après l'avoir complimenté sur la qualité de ses ragoûts et de ses sauces, il lui dit : « Je te donne en « récompense une casserole d'honneur, et tu seras « le premier chevalier de l'ordre de la Casserole « que je vais fonder. »

Les autres capitaines s'apprêtaient à répondre à cette boutade, quand l'adjudant-major du bataillon entra suivi de Théodore et de Louis. « Capitaine Roger, dit-il, je vous présente deux nouveaux décorés de votre compagnie et un nouveau sergent. »

Le capitaine Roger avait repris son air bourru : « Ce n'était pas la peine de vous déranger, répondit-il, puisque la nomination et la promotion de ces jeunes gens avaient été annoncées officiellement devant tout le bataillon ; à moins qu'ils n'aient eu l'intention de montrer de plus près leur ruban rouge et leurs nouveaux galons.

— Décidément, dit à part le même officier, le ruban rouge produit sur lui le même effet que la veste rouge du toréador sur les taureaux engagés dans les cirques espagnols.

— Eh bien, quand ils auraient eu cette intention,

ce ne serait pas une raison pour vous dispenser de leur adresser quelques félicitations, quelques encouragements.

— Je ne sais pas trop faire de compliments, major, vous le savez, pas plus à mes supérieurs qu'à mes inférieurs. Tout ce que je puis dire à ces jeunes gens, c'est ce que je leur ai déjà dit : qu'ils se sont battus aussi bravement que nos volontaires de la république; seulement dans ce temps-là on ne se battait que pour la défense de la patrie, et je regrette qu'aujourd'hui ils dépensent leur courage et prodiguent leur sang pour un bout de ruban, pour des brimborions, des colifichets, capables de séduire des jeunes filles ou des enfants.

— Capitaine, reprit l'adjudant-major d'un ton grave, je vous prie de parler d'une manière plus convenable d'une institution comme celle de la Légion d'honneur, à laquelle l'élite de la nation française se fait gloire d'appartenir (c'est vrai! c'est vrai! dirent les autres capitaines), et qui est recherchée, ambitionnée par les souverains, les princes et toutes les sommités de la société étrangère.

— Oh! mon Dieu, répliqua Roger, je ne tiens pas du tout à en parler. Seulement, quand on me demandera mon avis, je dirai, comme je le faisais tout à l'heure à ces messieurs, que mon opinion à ce sujet était conforme à celle de Moreau, qui... » Il allait sans doute recommencer l'histoire de tout à l'heure, quand l'adjudant-major l'interrompit vivement par ces mots : « N'achevez pas, capitaine, c'est inutile ; seulement je vous conseille de cesser désormais de parler de Moreau. Savez-vous ce que vient de faire votre héros ? Il est parti d'Amérique, et il est maintenant dans les conseils de l'empereur Alexandre. »

Le capitaine Roger fut tellement abasourdi de cette nouvelle, qu'il retomba sur sa chaise sans prononcer une parole. Les autres capitaines adressèrent aux deux amis les plus chaleureuses félicitations. Les trois qui étaient décorés les embrassèrent comme de nouveaux frères ; puis ils sortirent tous ensemble, laissant le capitaine Roger méditer à son aise sur la fatale nouvelle qu'on venait de lui apprendre.

# CHAPITRE IV

L'ARMISTICE. — LE VULNERARIUM MONTANEUM

Dès le lendemain de la bataille de Lutzen, Napoléon mit son armée en marche à la poursuite de l'ennemi. Seulement il laissa en arrière le corps de Ney, qui avait été le plus maltraité, pour se refaire et réparer ses pertes. Nous ne suivrons pas ce corps dans ses haltes à Lutzen, à Leipsick, à Torgau, ni dans ses diverses marches et contre-marches, jusqu'à la grande bataille de Bautzen, qui dura trois jours, les 19, 20 et 21 mai. Le maréchal Ney, avec son corps d'armée, porté par de nouveaux renforts à un effectif de soixante mille hommes, ne prit part à cette mémorable affaire que le dernier jour; mais son intervention fut de la plus haute importance, car elle décida du gain de la bataille. Cependant nos deux amis ne trouvèrent pas l'occasion de se signaler dans cette mémorable affaire, leur division faisant ce jour-là partie de la réserve, qui ne fut pas appelée à donner.

Le lendemain de la bataille, Napoléon poursuivit vivement l'ennemi, qui se retirait sur Gorlitz. Après un combat de cavalerie dans les plaines de Reichenbach, où nos cavaliers, quoique imparfaitement montés, luttèrent avec avantage contre la cavalerie russe et prussienne, on occupa les hauteurs de Reichenbach, où Napoléon décida que l'on passerait la nuit. Au moment où il descendait de cheval, on entendit pousser un cri : « Kirgener est mort! » C'était un brave général du génie, fort aimé de l'empereur, qui s'écria : « La fortune nous en veut bien aujourd'hui! » Mais à ce cri en succéda bientôt un second : « Duroc est mort! — Duroc! ce n'est pas possible, répondit Napoléon, je viens de lui parler. » C'était non-seulement possible, c'était vrai. Un boulet qui venait de frapper un arbre près de Napoléon avait, en ricochant, tué successivement le général Kirgener, puis Duroc, le grand maréchal du palais. Duroc, quelques minutes auparavant, atteint d'une tristesse singulière, tristesse d'honnête homme, qui lui était ordinaire, mais plus marquée ce jour-là, avait dit à M. de Caulaincourt : « Mon ami, observez-vous l'empereur?... Il vient d'avoir des victoires après des revers, et ce serait le cas de profiter de la leçon du malheur... Mais, vous le voyez, il n'est pas changé... Il est insatiable de combats... La fin de tout ceci ne saurait être heureuse! » A peine M. de Caulaincourt avait-il par un signe de tête approbatif exprimé la communauté de ses sentiments avec Duroc, que ce dernier avait rencontré cette fin malheureuse qu'il prévoyait.

« C'était le second ami sûr et vraiment dévoué que Napoléon perdait dans l'espace de vingt jours. Aussi était-il profondément ému de cette perte. Sorti de la chaumière où l'on avait porté Duroc mourant, et où il était allé le visiter, Napoléon alla s'asseoir sur des fascines, assez près des avant-postes. Il était là, pensif, les mains étendues sur ses genoux, les yeux humides, entendant à peine les coups de fusil des tirailleurs, et ne sentant pas les caresses d'un chien appartenant à un régiment de la garde, qui galopait souvent à côté de son cheval et qui en ce moment s'était posé devant lui pour lécher ses mains. Un écuyer étant venu l'arracher à cette rêverie, il se leva brusquement, et cacha ses larmes, pour ne pas être surpris dans cet état d'émotion. Telle est la nature humaine, ajoute l'historien à qui nous empruntons les lignes qui précèdent, changeante, insaisissable dans ses aspects divers, et ne pouvant être jugée avec sûreté que par Dieu seul! Cet homme, attendri sur le sort d'un blessé, avait fait mutiler plus de quatre-vingt mille hommes depuis un mois, plus de deux millions depuis dix-huit ans, et allait en faire déchirer encore par les boulets quelques centaines de mille (1)! »

(1) M. Thiers, *Histoire du Consulat et de l'Empire*, t. XV, p. 586.

L'armée française continua les jours suivants à poursuivre vivement l'ennemi jusque sur l'Oder. Glogau, où depuis cinq mois une nombreuse garnison française était enfermée, fut débloqué. Le maréchal Ney n'avait plus qu'une marche à exécuter pour entrer dans Breslau, également occupé par les Français, quand on annonça la cessation des hostilités. On venait, en effet, de signer le célèbre armistice de 1813, « armistice deplorable, dit M. Thiers, qu'il fallait certainement accepter si on voulait la paix, mais rejeter absolument si on ne la voulait point, car il valait mieux dans ce cas achever sur-le-champ la ruine des coalisés, et que Napoléon accepta justement parce qu'il était opposé à cette paix, et qu'il désirait se procurer deux ou trois mois pour achever ses armements ! »

Quoi qu'il en soit des causes de cette suspension d'armes et de ses suites, l'armée en profita pour prendre un repos dont elle avait le plus grand besoin. Suivant son usage, Napoléon ne quitta point ses troupes sans avoir assuré leur entretien, leur bonne santé et leur instruction pendant la durée de l'armistice. Il s'était réservé, d'après les conditions de cette suspension d'armes, la basse Silésie, pays riche en toutes sortes de ressources, tant pour la nourriture que pour le vêtement des hommes. Il y répartit ses corps d'armée depuis les montagnes de la Bohême jusqu'à l'Oder. D'après cet arrangement, le 3º corps d'armée, celui de Ney, avait son quartier général à Liegnitz; le 7ᵉ corps, commandé par Reynier, à Gorlitz; Macdonald, avec le 11ᵉ corps, à Lowenberg; Marmont, à Bunzlau, avec le 6ᵉ; Bertrand, à Sprottau, avec le 4ᵉ, etc. Ces divers corps durent camper dans des villages ou des baraques, manœuvrer, se reposer et bien vivre. Ils devaient être entretenus au moyen de réquisitions sur le pays, ménagées de manière à pouvoir y subsister trois mois au moins, et à former des approvisionnements pour l'époque du renouvellement des hostilités. Napoléon prescrivit en outre des levées de draps et de toiles dans la partie de la Silésie qui lui était restée, et qui les produisait en abondance, afin de réparer le vêtement déjà usé de ses soldats.

La division Souham fut cantonnée dans un certain nombre de villages aux environs de Liegnitz, de manière que le gros d'un régiment ou d'un bataillon occupait un point central et envoyait des détachements occuper les petits villages d'alentour. Ces détachements se composaient d'une compagnie, quelquefois de deux, ou même d'une demi-compagnie, selon l'importance des localités. La compagnie dont faisaient partie nos deux nouveaux sergents décorés forma un de ces détachements, et fut cantonnée au petit village de Wasserbruck. Il y avait un vieux château dont le propriétaire, qui n'aimait guère les Français, avait jugé à propos de s'absenter pour ne pas leur faire les honneurs de l'hospitalité; mais il avait eu la complaisance d'y laisser un intendant, chargé de le remplacer et de fournir, mais avec ménagement, à tous les besoins de ses hôtes. Les officiers de la compagnie, le sergent-major et son fourrier s'installèrent naturellement dans le vieux manoir; le reste de la compagnie fut réparti dans les maisons des paysans, en choisissant bien entendu les meilleurs logements pour les sous-officiers. Le fourrier, en remettant leur billet de logement à Théodore et à Louis, leur dit : « Voilà, camarades, ce qu'il y a de mieux dans tout le pays; vous serez là comme des coqs en pâte; votre hôte, quoique simple cultivateur, est le plus riche propriétaire de Wasserbruck, plus riche peut-être que le seigneur lui-même; vous aurez là bon vin et bonne chère à souhait.

— Et pourquoi, interrogea Vermont d'un air de doute, n'avez-vous pas pris ce logement pour vous-même et pour votre sergent-major?

— Eh! sandis, je n'aurais pas mieux demandé; mais le capitaine a exigé que nous fussions logés dans l'intérieur du château. »

Louis ne répliqua pas, il prit le billet et se dirigea vers le logement tant vanté. Tout en marchant il disait à Théodore : « Je ne me fie guère aux paroles de ce gascon de fourrier, et je suis sûr qu'il faut rabattre plus de moitié sur l'éloge qu'il vient de nous faire.

— Et quand il y aurait moitié à rabattre, reprit Théodore, et même les trois quarts, je me contenterais toujours bien du peu qui resterait. Depuis notre entrée en campagne j'ai appris à n'être pas difficile. »

Bientôt ils arrivèrent devant la maison, qu'ils s'étaient fait indiquer par des habitants du village. Cette maison était d'une apparence très-agréable, et ne ressemblait en rien aux autres habitations du pays. Elle était composée d'un joli pavillon de maître, ayant six croisées au rez-de-chaussée, trois de chaque côté d'une porte par où l'on pénétrait dans l'intérieur, et qui était précédée d'un perron à cinq marches de pierre; au premier étage, sept fenêtres correspondantes aux baies du rez-de-chaussée, et garnies de persiennes vertes qui faisaient ressortir la blancheur de la muraille, donnaient un aspect assez coquet à cette habitation. Puis à droite et à gauche du pavillon principal on apercevait de vastes bâtiments, tels que granges, écuries, remises, devant servir à une grande exploitation rurale, et formant probablement une vaste cour par derrière. Au-devant de la maison, la cour était petite, mais propre, sablée et garnie de plates-bandes de fleurs.

D'un coup d'œil nos deux amis avaient remarqué ce que nous venons de décrire, et, ouvrant la porte à claire-voie qui servait d'entrée à la cour, Louis ne put s'empêcher de dire à son ami : « Est-ce que cette fois, par hasard, notre fourrier ne nous aurait pas fait une gasconnade? » Et en traversant la cour il ajouta : « Tiens! entends-tu ces coqs qui chantent, ces poules qui gloussent? et là-bas, vois-tu ces canards qui barbotent et nasillent à tue-tête? Il y a ici une basse-cour bien montée; décidément le gîte est bon, et quand je rencontrerai le fourrier, je lui ferai mes excuses des doutes que j'ai pu concevoir à son égard. »

Tout en causant, ils étaient arrivés au haut du perron; la porte était entr'ouverte : ils la poussèrent, et se trouvèrent dans une espèce d'antichambre à plusieurs portes donnant accès aux appartements intérieurs. Personne ne se présentait, et ils ne savaient vers laquelle de ces portes se diriger. Vermont frappa plusieurs fois bruyamment le parquet avec la crosse de son fusil pour attirer l'attention. Enfin une des portes s'ouvrit, et une fille en costume de paysanne s'avança comme pour leur demander ce qu'ils voulaient. Elle ne paraissait pas effrayée à la vue des uniformes français; mais sa figure était tout en larmes. Nos deux jeunes gens, croyant cependant que son émotion était causée par la crainte qu'ils lui inspiraient, cherchèrent à la rassurer, en employant pour la persuader tout ce qu'ils avaient appris d'allemand depuis qu'ils avaient passé le Rhin; et, malgré le peu de temps qu'il avait pu consacrer à l'étude de cette langue, Théodore y avait fait des progrès surprenants. Mais toute son éloquence ne parut produire aucun effet sur cette pauvre fille, qui continuait à pleurer et à sangloter. Enfin, s'étant un peu calmée, elle répondit; les deux amis l'écoutèrent avec attention, mais ne comprirent pas un mot de ce qu'elle disait. « Elle ne parle pas allemand, dit Théodore, et probablement elle ne le comprend pas davantage. » En effet, cette fille, qui était servante dans la maison, était née en Bohême, et elle ne connaissait que la langue tchèque, espèce de dialecte slave qui n'a aucun rapport avec l'allemand. Enfin Théodore s'imagina de lui parler par signes, langage compris de tout le monde, même des nations les plus sauvages. Il lui montra leur billet de logement, et indiqua par une pantomime qu'ils devaient rester ici pour loger, coucher, boire et manger. Cette fois elle parut comprendre; et, employant le même langage, elle leur offrit des chaises, leur faisant signe de ne pas faire de bruit, qu'elle allait monter au premier, et de s'asseoir en attendant.

Près de dix minutes se passèrent, pendant lesquelles nos deux sergents se regardaient en se demandant ce que signifiait cette comédie. La servante reparut enfin, suivie cette fois d'un vénérable ecclésiastique aux cheveux blancs, à la figure simple et débonnaire, mais dont la finesse du sourire et du regard annonçait l'intelligence. A sa vue, Théodore se leva avec empressement, et salua respectueusement l'ecclésiastique; Louis se leva aussi, mais se contenta de faire le salut militaire. Après leur avoir rendu leur salut, le prêtre leur dit, dans un français un peu tudesque, mais cependant très-intelligible : « Messieurs les militaires, vous arrivez dans cette demeure en un moment de douleur et d'affliction, qui ne permet pas aux maîtres de cette maison de vous recevoir comme ils l'auraient désiré. Le chef de cette famille, le respectable M. Brohmer, est actuellement à toute extrémité ; je viens de le confesser, et je vais revenir dans une demi-heure lui administrer le viatique et l'extrême-onction. Vous comprenez, Messieurs, qu'en pareille circonstance il est bien difficile pour une famille d'avoir à s'occuper d'étrangers, et M<sup>me</sup> Brohmer et ses enfants m'ont prié de les excuser auprès de vous si vous ne trouvez pas chez eux l'hospitalité que vous y auriez reçue en d'autres temps. Pour moi, je suis étonné que M. le bourgmestre, qui connaît la situation de M. Brohmer, ait eu l'idée de lui envoyer des militaires à loger. Ce sera aussi pour vous, Messieurs, un séjour fort peu agréable ; et si j'ai un conseil à vous donner, c'est de demander au bourgmestre un autre logement.

— Monsieur l'abbé, répondit Théodore, je sais, pour l'avoir éprouvé moi-même il y a trop peu de temps, quelle désolation apporte dans une famille la perte d'un chef bien-aimé, et combien, dans ces épanchements intimes de la douleur, la présence d'étrangers est insupportable. Je vais m'occuper immédiatement de chercher un autre logis...

— Fort bien, interrompit Louis; mais auparavant ne pourrions-nous pas au moins avoir ici quelques rafraîchissements? car il nous faudra peut-être trotter encore une partie de la journée avant de trouver un gîte, et depuis quatre heures du matin que nous sommes en route nous sommes encore à peu près à jeun.

— Rien de plus juste, reprit le prêtre, et je ne vois aucun inconvénient à vous satisfaire. » Il appela la servante, lui dit quelques mots en tchèque. Celle-ci indiqua aux sergents de la suivre, ce qu'ils firent après avoir salué le curé, qui sortait. La servante les conduisit dans une salle à manger, leur fit signe de déposer leurs sacs et leurs fusils, et de s'asseoir à table. Bientôt elle reparut, apportant un énorme morceau de rôti de veau froid, un pain d'une blancheur appétissante et deux bouteilles de vin. Elle y joignit du fromage, des cerises et des fraises, puis elle se retira.

Nos deux jeunes gens firent, comme on le pense bien, honneur à ce déjeuner. « Quel dommage, s'écria Vermont entre deux bouchées, de quitter un si bon gîte!... vrai pays de cocagne, quoi! Ah! ce scélérat de Gascon, il savait bien de quoi il retournait, quand il nous vantait tant ce logement! c'était pour nous faire souffrir le supplice de Tantale.

Mais il ne le portera pas en terre, et je prendrai ma revanche. »

Théodore s'efforçait en vain de retenir les emportements burlesques de son ami, et de lui faire comprendre que, dans une maison aussi cruellement affligée, il devait se modérer davantage. « Crois-tu donc que je ne partage pas aussi leur affliction ? répondit Louis ; car si leur père n'était pas à toute extrémité, nous ne quitterions pas la maison. »

Ici le tintement d'une clochette se fit entendre.

« Ah ! fit Théodore, voici M. le curé qui apporte les sacrements au malade. Je désire assister à cette touchante cérémonie : veux-tu m'accompagner ?

— Je t'avoue que je ne m'en soucie guère.

— Bah ! redouterais-tu le spectacle de la mort ? il me semble que tu dois y être accoutumé depuis longtemps.

— Oh ! oui, la mort sur le champ de bataille, cela on y fait à peine attention ; mais voir mourir un père de famille, au milieu de ses enfants en pleurs, à côté de sa femme qui pousse des gémissements lugubres, je t'avoue que ce spectacle me causerait plus d'émotion que celui de milliers d'hommes que je vois renversés par les boulets et la mitraille.

— Eh bien, le spectacle dont tu parles est toujours pour moi plein d'horreur, et ce que j'en ai vu depuis peu est loin de m'y accoutumer ; tandis que d'assister à la mort du juste, du chrétien, qui a rempli dignement sa tâche en ce monde, qu'entourent, il est vrai, les regrets de sa famille, mais aussi les secours et les consolations de la religion, c'est là une scène touchante, remplie d'enseignements sublimes sur notre fin dernière et notre future destinée. Reste ici si tu veux ; moi je vais aller mêler mes prières à celles du prêtre et de la famille de l'agonisant.

— Puisque tu y vas, j'irai ; ce ne sera pas gai, sans doute, mais ça ne durera pas longtemps. »

Et les deux sergents sortirent de la salle à manger, et se mirent silencieusement à la suite des fidèles qui accompagnaient le saint viatique.

Quand les personnes réunies dans la chambre du moribond virent entrer les deux militaires français, elles furent saisies d'étonnement ; quelques-unes même parurent effrayées, d'autres scandalisées ; car, il faut bien l'avouer, nos soldats n'étaient guère à cette époque en odeur de sainteté, surtout en Allemagne. Pendant qu'on faisait les préparatifs de la cérémonie, un des assistants dit tout bas quelques mots au prêtre, au moment où il revêtait son surplis. Celui-ci jeta un coup d'œil du côté où se trouvaient nos jeunes gens, que probablement on venait de lui signaler comme des hommes qui s'apprêtaient à troubler la cérémonie ; il les reconnut, leur fit signe d'approcher, et leur dit tout bas : « Je vous remercie de venir unir vos prières aux nôtres. » Et aussitôt il commença la cérémonie.

La manière dont le curé avait accueilli les militaires dissipa une partie des préventions causées par leur apparition ; bientôt, quand on remarqua leur contenance convenable et surtout l'attitude recueillie de Théodore, qui répondait à haute voix aux prières que le prêtre récitait en latin, toutes les préventions s'évanouirent et firent place à une bienveillante sympathie.

La mère et les enfants de M. Brohmer, absorbés par leur douleur, n'avaient rien remarqué de cette scène, et ne s'étaient pas même aperçus de la présence des militaires. Parmi les personnes que cette présence avait le plus scandalisées et ensuite le plus édifiées, était une vieille fille, sœur du malade, et que l'on ne connaissait que sous le nom de la tante Brohmer. Elle avait reçu une certaine éducation, et parlait passablement le français. Après la cérémonie, et quand tout le monde se fut retiré, elle se crut obligée d'aller remercier les militaires, et de leur faire ses excuses, au nom de tous les siens, de ne pouvoir exercer envers eux une hospitalité convenable; ajoutant que cependant, s'ils n'étaient pas par trop effrayés des ennuis et des embarras inséparables des circonstances cruelles où se trouvait la famille, ils pouvaient rester, et qu'on ferait du mieux possible pour qu'ils ne fussent pas trop mal traités.

Théodore répondit, au nom de son camarade et au sien, qu'ils remerciaient beaucoup leurs hôtes de leur bonne volonté, mais qu'ils seraient désolés de leur être un embarras dans un pareil moment, et qu'ils allaient à l'instant même s'occuper de trouver un autre logement. Louis Vermont, qui peut-être avait déjà conçu le projet dont nous allons parler, dit à son ami qu'il se sentait fatigué, et qu'il attendrait ici son retour en veillant sur leurs armes et leurs bagages, qu'il serait imprudent de laisser ainsi à l'abandon et trop fatigant d'emporter pour aller à la recherche d'un nouveau gîte.

Théodore ne fit pas d'objection, et partit. Quand Louis se trouva seul avec la tante Brohmer, il lui demanda avec beaucoup d'intérêt des détails sur la maladie de son frère et sur la manière dont il avait été soigné. Elle s'empressa de le satisfaire avec une prolixité d'autant plus fatigante qu'elle entremêlait souvent son récit de phrases allemandes, pour peu qu'elle ne trouvât pas tout de suite les mots français propres à rendre sa pensée. Louis l'écouta patiemment, puis il ajouta en forme de conclusion : « Ainsi vous avez jusqu'ici employé tous les moyens possibles pour guérir votre cher malade?

— Tout, jusqu'aux remèdes indiqués par une femme qui passe pour sorcière; mais M. le curé, l'ayant su, en a fortement réprimandé ma belle-sœur.

— Et il a fort bien fait; mais il est un remède fort simple, fort naturel, que j'ai vu opérer des cures merveilleuses dans des cas aussi désespérés que celui de votre frère, c'est l'infusion du *vulnerarium montaneum :* en avez-vous fait usage?

— Non, nous ne connaissons pas même de nom ce remède, et nous le paierions au prix de l'or si nous savions où en trouver.

— Oh! mon Dieu, rien n'est plus facile, et je me charge de vous en procurer gratis autant que vous en voudrez.

— Ah! mon bon monsieur, mon brave Français, comment pourrons-nous vous témoigner notre reconnaissance?

— Avant de parler de reconnaissance, attendez que je vous aie rendu service; mais ne perdons pas de temps en vaines paroles. Où est le grenier à fourrage?

— Je vais vous y conduire : est-ce que c'est là que vous trouverez votre *vulnerarium,* comme vous l'appelez?

— Oui, Madame; le *vulnerarium montaneum* n'est autre chose qu'un choix de certaines fleurs qui croissent naturellement dans les prairies, surtout dans les prairies élevées, comme celles que j'ai remarquées dans ce pays; on cueille ordinairement ces fleurs sur pied avant la fauchaison, puis on les fait sécher pour les conserver et s'en servir au besoin;

me quand on n'a pas pris cette précaution, on fait un tri de ces mêmes fleurs dans le foin séché ; ce qui demande un peu plus de temps, mais produit le même effet. »

La tante conduisit aussitôt Louis au fenil. « Bon, dit-il, je vais trouver là ce qu'il me faut. Pendant que je vais m'occuper de cette recherche, veuillez, Madame, mettre au feu une grande cafetière pleine d'eau, et tâchez qu'elle soit bouillante le plus tôt possible. »

La tante Brohmer s'empressa d'exécuter cette commission, et pendant ce temps-là Louis prit à peu près au hasard les fleurs desséchées qu'il trouva dans le foin ; dès qu'il en eut rassemblé une assez grande quantité, il l'apporta à la cuisine. Il y trouva la tante Brohmer accompagnée d'une jeune personne toute blonde, toute rose et fort jolie, malgré le voile de tristesse répandu sur son frais visage. C'était M$^{lle}$ Bertha, la fille aînée du malade. Sa tante venait de lui annoncer le remède souverain indiqué par le militaire français, et en le voyant entrer les deux mains chargées de fleurs sèches, elle lui lança un regard de reconnaissance, comme s'il eût rendu la vie à son père. Louis éprouva une sorte de remords de cette démonstration de gratitude qu'il sentait ne pas mériter ; mais il fit bonne contenance, et demanda à la tante comment allait le malade. « Toujours de même, répondit-elle ; voilà ma nièce Bertha qui se joint à moi, Monsieur, pour vous rendre grâce...

— Oh! mon Dieu, Mesdames, interrompit Louis, ne songez pas encore à me remercier... Et d'abord rappelez-vous bien que je ne suis pas médecin, et que je ne vous garantis pas l'efficacité de mon médicament; seulement ce que je garantis, c'est que s'il ne procure pas de soulagement au malade, il ne saurait lui faire de mal.

— Nous pouvons toujours bien en essayer, observa la tante; puisque les médecins ont abandonné mon frère, nous devons tenter un moyen qui a réussi à d'autres. »

Tout en parlant, Louis avait retiré du feu la cafetière, et il avait infusé une forte pincée des fleurs qu'il avait apportées. « Quand les fleurs seront précipitées au fond de la cafetière, dit gravement Louis, vous tirerez l'infusion au clair, vous la sucrerez avec du sucre ou mieux avec du miel, et vous en ferez boire au malade une cuillerée, une tasse, s'il peut la supporter, de quart d'heure en quart d'heure. »

Elles remercièrent de nouveau le militaire, et Bertha, après avoir préparé une petite tasse selon les prescriptions du sergent-médecin, remonta auprès de son père en faire l'essai. La tante s'apprêtait à la suivre, quand, se retournant du côté de Vermont, elle lui dit : « Monsieur le Français, vous pouvez vous dispenser de chercher un autre logement si celui-ci vous convient; ma belle-sœur m'a chargée de vous dire que, quoi qu'il arrive, elle serait contrariée de voir s'éloigner des hôtes qui ont montré tant d'intérêt à son pauvre mari. Elle vous a fait préparer une chambre où Ketli va vous conduire. »

C'était là précisément ce que désirait Vermont, et ce qui lui avait donné l'idée de son fameux *vulnerarium montaneum*. Ketli, la servante bohême que nous connaissons, conduisit aussitôt Louis dans une jolie chambre située au premier, mais du côté opposé du bâtiment où gisait le moribond. A peine y était-il installé, que Théodore arriva tout essoufflé. Le bourgmestre avait refusé nettement de donner un autre billet de logement. Pas une maison, des plus pauvres du village, qui n'eût quatre, six et jusqu'à huit militaires à loger; par égard pour la situation de M. Brohmer, on ne lui avait envoyé que deux sous-officiers, et encore on se plaignait, eux les plus riches du village! Telle était en substance la réponse qu'on avait faite à Théodore, et qu'il racontait à son ami en s'essuyant le front.

« Eh bien, il n'y a pas de mal, répondit Louis, nous resterons, et nous serons mieux ici qu'ailleurs. » Alors il lui raconta ce qui s'était passé pendant son absence, et les bonnes dispositions dans lesquelles était toute la famille à leur égard, grâce au fameux *vulnerarium montaneum*.

« En toute autre circonstance, reprit Théodore,

je rirais de ta plaisanterie ; mais quand il s'agit de la vie et de la mort d'un homme, on ne doit pas se permettre un pareil jeu, qui peut être une grave imprudence.

— Bah ! ne vas-tu pas te fâcher d'une action fort innocente qui peut nous être utile, et ne saurait, dans tous les cas, porter préjudice à personne ? Ce que j'ai donné au malade est un remède de bonnes femmes de nos pays ; c'est à peu près ce que des charlatans vendent avec autorisation sur nos places publiques, sous le nom de thé ou de vulnéraire suisse ; je n'ai pas, j'en conviens, grande confiance en son efficacité, et j'ai dit, en le prescrivant, comme disait Ambroise Paré ou un autre médecin, je ne sais plus lequel : « Je te médicamente, Dieu te gué-
« risse ! »

Ici leur conversation fut interrompue par l'arrivée de Ketli, accompagnée d'un jeune homme joufflu, blond et rose comme M<sup>lle</sup> Bertha, et qui lui ressemblait beaucoup. En effet, c'était son frère. Il ne parlait pas français ; mais il s'exprimait très-purement et très-correctement en allemand, ce qui permit à nos jeunes gens, et surtout à Théodore, de le comprendre sans difficulté. Il apportait aux deux sergents de nouvelles provisions de kouche et plusieurs bouteilles de vin, en les priant de réclamer ce dont ils auraient besoin. Théodore le remercia, et lui demanda des nouvelles de son père : « Il est toujours dans le même état. — Ne pas empirer c'est aller mieux, prononça doctoralement Louis. — Hélas! dit en pleurant le jeune homme, les médecins ont déclaré ce matin qu'il ne passerait pas la nuit. — Les médecins ne sont pas le bon Dieu, mon ami, dit Théodore; lui seul est le maître de la vie et de la mort; priez-le avec ferveur, et il vous rendra peut-être votre père. — Oh! Monsieur, je le prie continuellement, et de tout mon cœur. »

Quand Ketli et l'enfant se furent retirés, Louis dit à son ami : « Eh bien, voilà déjà le *vulnerarium montaneum* qui opère. » Et il montrait les provisions et le vin qu'on venait d'apporter. « J'ai toujours entendu dire que ce qui ne fait pas de bien au malade en fait au médecin. »

Le reste de la journée se passa sans incident nouveau. Le lendemain matin ils s'attendaient à apprendre à leur réveil la mort du malade; mais ils furent agréablement surpris en voyant entrer Joseph, le garçon joufflu de la veille, qui leur annonça qu'un mieux sensible s'était manifesté pendant la nuit dans l'état de son père. C'était sa mère, sa tante et sa sœur qui l'envoyaient leur annoncer cette bonne nouvelle, ajoutant qu'elles attribuaient ce mieux au remède prescrit par l'un des militaires, et dont elles avaient fait prendre des doses au patient pendant toute la nuit.

Que dirons-nous de plus? le mieux se soutint

toute la journée; la nuit suivante, le malade dormit d'un sommeil calme et paisible. A son réveil, il déclara qu'il éprouvait un grand soulagement; il reconnut tous ceux qui l'entouraient, ce qui ne lui était pas arrivé depuis près de huit jours. Bref, deux jours après il entrait en convalescence, et la guérison marcha dès lors rapidement.

Nous n'essaierons pas de peindre la joie, le bonheur de cette famille, ni surtout la reconnaissance de ces braves gens envers celui de leurs hôtes qu'ils regardaient comme l'auteur de cette cure merveilleuse. A la fin leurs démonstrations allèrent si loin, que Louis, poussé par un sentiment de délicatesse et aussi par les instances de son ami, qui lui reprochait d'abuser de l'erreur de ces honnêtes personnes, tenta de les détromper, et leur raconta simplement le motif qui l'avait déterminé à leur indiquer un remède qu'il savait fort innocent, mais dans l'efficacité duquel il n'avait aucune confiance. Vains efforts! on ne voulut pas le croire. On attribua ses explications à une fausse modestie, ou à tout autre motif que celui qu'il alléguait. Il fallut bien les laisser faire. A compter de ce moment, les deux amis furent traités non comme des hôtes, mais comme des frères, par la famille Brohmer.

Ce n'est pas tout. Le bruit de la guérison *miraculeuse* de Brohmer se répandit rapidement dans tout le village, et même dans les villages voisins. On ne parlait que du médicament merveilleux que lui avait donné un sous-officier de l'armée française. Bientôt les paysans atteints de n'importe quelle maladie, fièvre, paralysie, fluxion de poitrine, catarrhe, etc., voulurent à tout prix se procurer du *vulnerarium montaneum*, et la maison de Brohmer fut chaque jour assiégée d'une foule d'impotents, ou de personnes venues en leur nom pour consulter le sergent-docteur et en obtenir quelques paquets de son précieux spécifique. Vermont ne savait auquel entendre au milieu de ces sollicitations exprimées sur tous les tons et dans un allemand fort peu intelligible, ou même en tchèque, car il en venait jusque de la Bohême; Théodore riait de bon cœur de l'embarras de son ami, et lui disait : « Voilà, mon cher Louis, un des inconvénients de la renommée : tu es à peu près dans la même position que le Médecin malgré lui de Molière; tâche de t'en tirer aussi bien que lui. » Heureusement la tante Brohmer vint lui servir d'interprète et de conseil. Il voulait envoyer promener tous ces importuns; mais, d'après l'avis de la tante, il consentit à distribuer des paquets de *vulnerarium montaneum* gratis aux indigents; quant aux riches, ils donneraient, selon leur générosité, non de l'argent, Louis avait refusé avec dignité d'en recevoir, mais quelques présents en nature, tels que jambons, volaille, poisson, gibier, œufs, beurre, vin, etc.

La tante Brohmer n'était pas avare, loin de là ; mais elle était femme de ménage et savait calculer. C'était elle qui veillait aux dépenses de la maison de son frère, et elle n'était pas fâchée, dans les circonstances difficiles où l'on se trouvait, de profiter d'une aubaine qui adoucirait singulièrement les charges du logement des Français. On ne savait pas ce que durerait le séjour de l'armée; depuis la guérison de son frère, on leur avait envoyé une dizaine d'autres militaires à loger et à nourrir; or toutes les denrées offertes en présent au sergent étaient abandonnées par celui-ci à la cuisine de la maison : ces suppléments de ressources arrivaient fort à propos pour parer aux surcroîts de dépenses, et il en résultait un accroissement de bien-être pour les soldats : ainsi chacun y trouvait son compte.

Les nouveaux hôtes étaient de simples soldats : ils couchaient dans une des granges, et mangeaient à la cuisine. Quant à nos deux sergents, ils avaient conservé leur jolie chambre, et ils partageaient la table de la famille. Chaque jour la tante Brohmer avait soin de leur préparer quelques plats nouveaux et délicats, provenant du choix des cadeaux envoyés par les amateurs du *vulnerarium montaneum*. Quand Vermont voyait paraître une de ces friandises, il disait en riant à Théodore : « Vois-tu ce nouveau bienfait de mon immortelle panacée? Nieras-tu encore une science merveilleuse qui transforme en pâté, en civet, en andouillettes et en jambons, le fourrage du père Brohmer?

— Cela est vrai, répondait sur le même ton son ami; nous sommes même trop bien ici, et je n'ai qu'une crainte, c'est que les délices de Wasserbruck ne produisent sur nous et sur nos soldats logés ici le même effet que les délices de Capoue produisirent jadis sur les soldats d'Annibal.

— Que cela ne t'inquiète pas. Nous avons affaire à un gaillard qui est plus grand général et plus prévoyant qu'Annibal. »

Nous verrons dans le chapitre suivant que Louis ne se trompait pas.

# CHAPITRE V

### L'ASSAUT D'ARMES

Non certes, Napoléon n'avait pas l'intention que son armée trouvât dans les loisirs que lui laissait l'armistice un repos énervant comme celui qui avait amolli les forces des Carthaginois à Capoue. Il voulait, au contraire, que ce repos, indispensable après tant de fatigues, lui rendît ses forces et perfectionnât son instruction militaire.

Après avoir distribué, comme nous l'avons dit, les différents corps de son armée sur la ligne frontière stipulée par l'armistice, et les avoir cantonnés dans des villages ou dans des baraques, où, jusqu'à ce que leur installation fût terminée, ils n'avaient qu'à se reposer et à bien vivre, les exercices journaliers et les grandes manœuvres commencèrent.

L'armée, comme nous l'avons vu, se composait en majeure partie de jeunes gens et de recrues ; chaque jour de nouveaux conscrits, encore plus jeunes que les premiers, venaient remplir les cadres ; il fallait exercer ces nouveaux venus. « En six semaines, l'infanterie, bien nourrie, bien vêtue, — car des réquisitions de toiles et de draps levées en Silésie avaient permis de réparer les vêtements usés des soldats, — et de plus bien exercée, avait singulièrement gagné sous tous les rapports, et particulièrement sous celui de la force numérique. La cavalerie, de son côté, avait complétement changé d'aspect ; elle était nombreuse et assez bien montée. Les jeunes chevaux, presque tous blessés à leur entrée en campagne, étaient en meilleur état. Nos cavaliers, si prompts à se former, savaient déjà se servir de leurs montures et les soigner. Napoléon avait, outre la cavalerie légère attachée à chaque armée, quatre beaux corps de cavalerie de réserve sous les généraux Latour-Maubourg, Sébastiani, de Padoue, de Valmy. La garde, formée à cinq divisions d'infanterie, comprenait en outre douze mille cavaliers avec deux cents bouches à feu bien servies. Quinze cents gardes d'honneur sous le général Dejean étaient arrivés à Dresde. Cette brave jeunesse, qui n'était pas d'abord partie dans de très-bonnes dispositions, parvenue maintenant en ligne, n'aspirait qu'à s'illustrer sous les yeux de la grande armée.

« Toutes ces troupes étaient tenues continuellement en haleine, afin d'être toutes prêtes au moment de l'action. Après les exercices de détail vinrent les manœuvres par bataillons, par escadrons, par régiments, par brigades, par divisions; puis les grandes manœuvres par corps d'armée. C'était ainsi que ces masses diverses dont se compose une armée apprenaient à se connaître, à se soutenir mutuellement, et que, fantassins, cavaliers, artilleurs, etc., se voyant à l'œuvre, jugeaient mieux l'importance de chaque arme et savaient mieux l'apprécier.

« Indépendamment de ces exercices et de ces manœuvres, qui ne permettaient guère aux soldats de rester oisifs, Napoléon chercha à répandre un peu d'animation dans ses camps; il imagina, pour occuper le peu de loisir qu'il laissait à ses jeunes troupes, un genre d'exercice à la fois attrayant et utile. Il ordonna de les faire tirer à la cible, et, pour les intéresser davantage à cet exercice si important, il voulut qu'on leur distribuât des prix proportionnés à leur adresse. Les meilleurs tireurs de chaque compagnie, au nombre de six, recevaient un prix de quatre francs; puis ils se réunissaient à tous ceux du bataillon, se mesuraient ensemble, et concouraient à un nouveau prix triple du précédent. Ceux des bataillons se réunissaient par régiments, ceux des régiments par divisions, et ceux des divisions par corps d'armée, et concouraient de nouveau pour des prix successivement plus élevés ; de telle façon que les meilleurs tireurs d'un corps d'armée pouvaient remporter des prix qui allaient jusqu'à cent francs. Tous ces prix représentaient une dépense d'une centaine de mille francs ; ce qui était peu de chose et avait, outre l'avantage inappréciable d'améliorer le tir, celui d'occuper, d'amuser les hommes, de leur fournir une gratification et le moyen de régaler leurs camarades (1). »

Nos deux sergents, comme on le pense bien, prirent nécessairement une part active à tous ces exercices. Une semaine s'était à peine écoulée depuis leur installlation à Wasserbruck, qu'ils voyaient toutes leurs journées occupées par les détails du service. Tantôt c'était l'instruction à faire deux fois par jour aux jeunes conscrits, tantôt c'étaient des leçons de théorie, puis les grandes manœuvres ; elles exigeaient quelquefois des déplacements considérables de la part des compagnies, qui, comme celle de nos deux amis, se trouvaient éloignées à d'assez grandes distances du point central où se réunissaient les divisions et les corps d'armée. Souvent ils partaient à trois heures du matin, pour arriver à cinq sur le champ de manœuvre, y passaient la journée, et ne rentraient à leurs quartiers que vers neuf heures du soir. Alors, il est vrai, un bon souper les

---

(1) M. Thiers, *Histoire du Consulat et de l'Empire*, t. XVI, p. 175 et 176.

attendait, grâce à la prévoyance de la bonne tante Brohmer; ce qui n'empêchait pas Théodore de dire à son ami : « Tu avais bien raison, mon cher ; Napoléon ne ressemble pas à Annibal, et il ne nous laisserait pas énerver par les délices. »

Les exercices et les concours pour les prix de tir n'étaient pas les seuls passe-temps militaires qui occupaient les courts loisirs des soldats; il y avait encore l'escrime à l'épée et au sabre, l'exercice du bâton, de la canne, etc. De temps en temps, et presque tous les dimanches, il y avait des assauts d'armes donnés par les maîtres les plus renommés des divers régiments. Ces réunions attiraient toujours un grand nombre d'amateurs et de spectateurs. Théodore ne tarda pas à se faire une réputation comme un des plus habiles tireurs de la division, car les grands assauts avaient ordinairement lieu au quartier général de la division, et un grand nombre d'officiers ne manquaient jamais d'y assister ; il luttait presque à force égale avec les premiers maîtres d'armes, qui tous reconnaissaient en lui des dispositions extraordinaires, et avouaient que, quand il aurait acquis un peu plus d'habitude, il serait leur maître à tous.

Ce genre de supériorité, qu'il devait à son admirable sang-froid autant qu'à la justesse de son coup d'œil, à la rapidité et à l'imprévu de ses mouvements, attira bientôt à Théodore une plus grande renommée et plus de considération que ne lui en auraient procuré son mérite personnel et même le brillant fait d'armes qui lui avait valu la croix. On sait combien à cette époque les duels étaient fréquents dans l'armée française, et souvent pour les causes les plus futiles. Il y avait même des individus qui, ayant acquis une certaine force au sabre ou à l'épée, faisaient en quelque sorte métier de duellistes, et provoquaient à tout propos ceux qui avaient le malheur de les regarder de travers ou de faire un geste, de dire un mot qui leur déplaisait. Ces espèces de matamores étaient généralement méprisés ; mais ils étaient soufferts parce qu'on les craignait. C'était surtout aux jeunes gens, aux conscrits qu'ils s'adressaient pour les mettre à rançon. Quoique Théodore, comme nos lecteurs en sont persuadés, n'eût aucune espèce de ressemblance avec ces sortes de bravaches, il n'était pas fâché de la réputation qu'il s'était acquise dans l'escrime, précisément parce qu'il avait horreur du duel, et que, bien décidé à ne provoquer personne, il pensait que cette réputation le mettrait à l'abri de toute provocation de la part des duellistes de profession. Malheureusement nous allons voir comment ses prévisions furent déjouées.

Le premier dimanche de juillet 1813, les vainqueurs à la cible de toutes les divisions du troisième corps d'armée avaient été réunis à Liegnitz, pour concourir au grand prix, qui devait être décerné par le maréchal. Nos deux amis faisaient partie des tireurs de leur division ; Louis Vermont gagna le grand prix, et Théodore un des prix secondaires. « Voilà la première fois, dit Louis en riant à son ami, que tu me laisses passer devant toi ; je t'en remercie. — Il n'y a pas de quoi ; car je te jure que j'ai fait tout mon possible. — Je veux bien le croire, et même que tu prendras ta revanche une autre fois ; mais en attendant allons célébrer notre victoire avec les amis, et consoler avec quelques bouteilles de vin ceux qui ont été moins heureux que nous. »

On se rendit dans une vaste salle dépendante de l'auberge des Trois-Couronnes, située dans un faubourg de Liegnitz ; là un banquet fut offert par tous les vainqueurs de chaque division à leurs camarades. La gaieté la plus franche régna pendant ce repas, et tous les militaires, appartenant à des corps différents, fraternisèrent avec la plus entière cordialité.

Après le repas, les convives se séparèrent : les uns se rendirent à différents bals qui se tenaient dans le voisinage ; les autres restèrent dans la salle du banquet, où ils improvisèrent un assaut d'armes. Théodore était du nombre de ces derniers ; c'était même en grande partie à cause de lui que cet assaut avait été organisé. Les sous-officiers de sa division ayant parlé avec le plus grand éloge de son talent pour l'escrime, ceux des autres divisions témoignèrent le désir d'en juger par eux-mêmes, et bientôt la partie se trouva engagée.

Aussitôt que le bruit se fut répandu au dehors qu'il y avait assaut dans la salle de l'hôtel des Trois-Couronnes, où s'était donné le festin, un grand nombre de militaires qui n'avaient pas fait partie du banquet s'y rendirent pour jouir du spectacle de l'assaut. Parmi ces nouveaux venus se trouvait un sergent nommé Schiller, Alsacien d'origine, et maître d'armes dans un des régiments campés dans les environs de Liegnitz. Cet homme était précisément un de ces duellistes forcenés, un de ces ferrailleurs dangereux dont nous parlions tout à l'heure. Il abusait de sa force et de son adresse d'une manière déplorable ; il ne se passait pas de semaine qu'il n'eût une ou plusieurs *affaires*, quelquefois deux dans le même jour, et toujours ces rencontres se terminaient d'une manière fatale pour ses adversaires. Quelques-uns de ses flatteurs ( car ces sortes de gens, exerçant une certaine puissance, ont nécessairement des flatteurs ) l'avaient surnommé le *Bourreau des crânes*, et il avait accepté avec orgueil cet horrible surnom.

Son intention, en assistant à cette réunion, n'avait pas été de prendre part à une de ces luttes pacifiques où l'on ne combat qu'à armes courtoises, et où les champions font autant assaut de grâce et de politesse que d'adresse et de force. Il avait entendu dire qu'il y avait dans un des régiments provisoires récemment organisés un jeune sergent d'une force extraordinaire sur l'escrime; et comme il savait qu'il était un des principaux champions de l'assaut, il était bien aise de juger par lui-même du talent de ce prétendu phénix. Schiller était accompagné d'un de ses anciens élèves, tambour-maître dans son bataillon, prévôt d'armes, et un de ses plus chauds admirateurs. C'était lui surtout qui avait entretenu le sergent Schiller des faits et gestes de Théodore de Cerny, dont l'histoire lui avait été racontée par un de ses confrères du régiment provisoire, qui la tenait d'un de ses tambours (probablement notre ancienne connaissance Casaubon). « Vois-tu, disait Schiller à son ancien élève au moment où ils entraient dans la salle, faut toujours en rabattre de plus de moitié de ces grandes réputations de salles d'armes; c'est pas ici qu'il faut les voir, c'est sur le terrain, l'épée à la main, et quand il s'agit de jouer sérieusement de la contre-pointe ou de l'espadon. Combien j'en ai rencontré de ces beaux tireurs de fleurets, qui même m'ont boutonné quelquefois, j'en conviens, dans la salle, et qui, sur le pré, non-seulement ne m'ont pas touché, mais ont reçu de moi dans la peau certaine boutonnière dont ils ont gardé longtemps le souvenir, quand ils n'en sont pas morts sur le coup ! Mais, assez causé; attention ! Ah ! voilà probablement l'individu dont tu veux parler, qui ôte son habit et prend un masque.

— Non, ce n'est pas lui, répondit le tambour-maître, c'est son ami, son camarade ; il est fort aussi, mais beaucoup moins que l'autre.

— Voyons toujours ce que celui-ci sait faire. Ah! il n'est pas mal en garde ; voilà une attaque bien parée, et cette riposte est vive, mais il s'est laissé toucher par une feinte à la courte riposte. Décidément il n'est pas de première force, et cela, sais-tu pourquoi ? c'est qu'il commet la même faute que je t'ai souvent reprochée : il ne met pas assez de calme dans son jeu, il se laisse emporter trop facilement...

— Tenez, voici l'autre, interrompit le tambour-maître, qui va faire une partie avec le maître d'armes du 5ᵉ cuirassiers.

— Ce blanc-bec-là? dit Schiller d'un air de mépris ; mais c'est un écolier qui sort des bancs, et je ne voudrais pas, moi maître d'armes, me commettre avec un bambin de cette espèce, comme le fait le maître d'armes du 5ᵉ cuirassiers, si ce n'est pour lui donner une bonne leçon, et avec un fleuret démoucheté. Mais voyons ce qui va retourner. » Et il se mit à suivre avec attention l'assaut qui s'engageait.

Tous les spectateurs étaient également attentifs et gardaient un profond silence, qui n'était interrompu de temps en temps que par quelques bravos à la suite d'un beau coup habilement porté et non moins adroitement paré. A la première pause, les bravos et les applaudissements des spectateurs éclatèrent à ébranler la salle. « Oui, oui, grommelait Schiller, de manière à n'être entendu que de son compagnon, applaudissez, tas d'imbéciles! parce que ce jeune freluquet, après une courte riposte assez bien exécutée, est retombé gracieusement en garde et le sourire aux lèvres... Morbleu! ce n'est que l'écume à la bouche que l'on doit croiser le fer!... Tout cela ce sont jeux d'enfants propres à amuser des femmes, mais non pas de vrais troupiers... Ah! que j'aurais de plaisir à détériorer un peu ce beau mirliflor!... » Ici l'espèce de monologue de Schiller fut interrompu par la reprise de l'assaut.

Cette seconde partie fut encore plus brillante que la première; les engagements, les dégagements, les passes et contre-passes, les feintes et les coups francs, les attaques et les parades, les ripostes et les contre-ripostes se succédèrent avec un entrain, une rapidité qui fascinait les spectateurs. Lorsque enfin les deux adversaires, après avoir terminé ce brillant assaut, ôtèrent leurs masques et s'embrassèrent, un nouveau tonnerre d'applaudissements retentit plus fort encore que la première fois. On annonça une suspension d'une demi-heure, et un grand nombre des spectateurs et des acteurs quittèrent la salle, où l'on étouffait, pour aller respirer un peu d'air frais sur les bords de la Katzbach, petite rivière qui arrose Liegnitz.

Schiller et son fidèle compagnon sortirent avec la foule ; tout le monde s'entretenait à haute voix du jeu distingué et remarquable du sergent Cerny. Ces éloges produisaient sur Schiller l'effet de la vue de l'eau sur les hydrophobes. « Je n'y tiens plus ! disait-il à son acolyte : entends-tu les absurdités que débitent ces badauds ? A les entendre, ne dirait-on pas que ce muscadin est la première lame de la grande armée ? Il faut absolument qu'avant la fin de la journée je me batte avec lui pour faire cesser ces propos qui m'agacent !

— Mais vous ne le connaissez pas ; il ne vous connaît pas davantage ; il ne vous a fait aucune espèce d'injure : quelle raison trouverez-vous pour vous battre avec lui ?

— C'est précisément pour en chercher une que je suis sorti ; et si je n'en trouve point, je suis résolu à lui dire tout simplement que sa figure me déplaît.

— C'est là une bonne raison, sans doute ; cependant, si l'on pouvait en trouver une autre, ce serait meilleur, à mon avis.

— Cherches-en une autre si tu veux ; pour moi, je ne veux pas m'en donner la peine : en attendant, je m'en tiens à celle-là, et je vais fumer une pipe. »

Tout en causant ainsi, Schiller et le tambour-maître étaient arrivés à l'entrée d'une promenade, ou plutôt d'une espèce de boulevard qui longe la Katzbach. Là ils rencontrèrent deux caporaux de leur régiment qui paraissaient fort émus et causaient avec beaucoup d'animation. « Qu'avez-vous? leur dit le tambour-maître. Est-ce que vous venez d'avoir une querelle avec quelqu'un?

— Oui, répondit l'un d'eux; mais malheureusement elle n'a pu avoir de suite, parce que celui-là à qui nous avons eu affaire est sergent, et nous ne pouvions pas nous battre contre lui; sans cela...

— C'est juste; la discipline avant tout. Cependant il est des circonstances où il n'est pas permis à un supérieur de molester un inférieur, et dans ce cas celui-ci a le droit de regimber. Voyons, de quoi s'agit-il? contez-nous ça.

— Nous étions sortis, Pacot et moi, reprit le caporal, pour aller faire un tour au bal, histoire de valser quelque peu avec les Silésiennes; mais, bernique! Quand nous sommes arrivés, pas moyen de trouver une danseuse : toutes étaient retenues, et encore par des troupiers français. Si c'eût été des bourgeois prussiens, on les aurait mis poliment à la porte; mais des camarades, ça ne se pouvait pas. Quand je fais part de mon embarras à quelques amis, ils me rient au nez et me disent : « Tiens!
« fallait faire comme nous; fallait en amener une.
« — Tiens! c'est une idée, ça, dis-je à Pacot; allons
« chercher une danseuse. — Est-ce que j'en connais?

« qu'il me fait. — Non, que je dis; nous prendrons
« la première venue qui nous conviendra. » Et nous
voilà partis à la recherche d'une danseuse. Nous avons
rencontré d'abord plusieurs vieilles femmes ou filles
fort laides, que nous avons laissées de côté; enfin,
arrivés là-bas sous cette allée, j'ai avisé une jeune
personne fort jolie, ma foi! qui était accompagnée
d'une dame âgée que j'ai prise pour sa mère, mais qui,
à ce qu'il paraît, est sa tante. Je me suis avancé le plus
poliment possible, la main droite au shako, la jambe
droite à la première position, et j'ai dit: « Mademoi-
« selle, avec la permission de Madame, voudrait-elle
« me faire celui de danser une valse ou deux avec
« moi et mon collègue Pacot, à deux pas d'ici, au
« bal du Grand-Vainqueur? » Ces dames se sont re-
gardées d'abord comme si je leur avais parlé hébreu;
la plus jeune était devenue plus rouge qu'une cerise
de Montmorency. Craignant qu'elles ne m'eussent
pas compris, j'allais recommencer ma demande, que
Pacot, qui sait un peu d'allemand, aurait traduite,
quand la plus âgée me répond en assez bon français:
« Messieurs, ma nièce vous remercie; elle ne danse
« pas. — Parbleu! que je fais en riant, je le vois
« bien que Mademoiselle ne danse pas; mais elle va
« danser. » Et en disant ces mots je prends la jeune
fille par un bras, tandis que Pacot prend la tante de
l'autre; et, tout en riant, nous voulons les entraîner
un peu de force du côté de la salle de bal. Voilà

qu'elles se mettent à pousser des cris de détresse comme si nous les avions écorchées; et au même instant apparaît un sergent décoré appartenant à un régiment provisoire, qui nous dit : « Allez-vous laisser « ces femmes tranquilles, ou je vous fais mettre au « poste. » Oh! si c'eût été un homme de mon grade, comme je l'aurais envoyé promener, ou bien nous en aurions décousu; mais un sergent, et décoré encore, c'est autre chose! On n'a pas envie de passer au conseil de guerre, et nous filions notre nœud quand nous vous avons rencontrés. »

Schiller, qui avait d'abord écouté machinalement ce récit, avait fini par y porter plus d'attention quand il avait entendu parler d'un sergent décoré d'un régiment provisoire. « Tiens! dit-il tout bas au tambour-maître, voilà peut-être l'occasion que je cherchais. » Puis, élevant la voix et s'adressant au caporal qui venait de parler : « N'est-ce pas, lui dit-il, le militaire que j'aperçois tout là-bas à l'autre bout de l'allée, et qui est effectivement avec deux femmes?

— C'est cela même; à preuve que, malgré la distance et qu'elles nous tournent le dos, je parierais que c'est la vieille qui est à la droite, et la jeune à la gauche du sergent.

— Eh bien, allons-y, fit Schiller, et je vais vous faire rendre justice, c'est-à-dire la femme qu'on vous a ôtée. » Et comme les deux caporaux hésitaient, Schiller ajouta : « Que craignez-vous? Je suis son égal en grade; et, s'il veut faire le récalcitrant, c'est à moi qu'il aura affaire. Sachez que jamais le sergent Schiller, surnommé le Bourreau des crânes, ne souffrira que des individus appartenant à d'autres régiments se permettent de vexer, sous prétexte de leur grade, des caporaux et même des soldats appartenant au sien. »

Tous quatre se mirent en marche, et eurent bientôt rejoint le groupe des deux promeneuses et du sergent, qui ne s'avançaient qu'à petits pas. Les deux caporaux et le tambour-maître, sur un signe de Schiller, s'arrêtèrent à quelques pas; pour lui, doublant de vitesse, il devança les promeneuses; puis, se retournant tout à coup, il s'approcha d'elles, les salua assez poliment, et, s'adressant au sous-officier, il lui dit : « Collègue, avec la permission de ces dames, j'ai deux mots à vous dire. »

Le sous-officier à qui s'adressaient ces paroles était précisément notre ami Louis Vermont, et voici comment il se trouvait là. Il était sorti, comme beaucoup d'autres, pendant la suspension de l'assaut, et s'était dirigé vers les allées de la Katzbach. Au moment où il arrivait, il entendit des cris de femmes qui appelaient au secours, et au même instant il aperçut deux caporaux français s'efforçant d'entraîner deux personnes que d'un coup d'œil il reconnut pour être la tante Brohmer et sa nièce Bertha. Aussitôt il s'élança et tomba comme la foudre entre les deux caporaux.

Nous savons maintenant ce qui s'était passé; mais ce que n'avait pas raconté le camarade Pacot, c'était la colère, l'indignation, qui animaient la figure de Vermont quand il parut devant eux, et qu'il leur dit ces mots d'une voix frémissante : « Misérables ! vous déshonorez l'uniforme français ! » Ce que le narrateur avait traduit par cette phrase banale : « Allez-vous laisser ces femmes tranquilles, ou je vais vous faire mettre au poste. » Le fait est qu'il ne prononça que les mots que nous venons de citer; mais son regard, son geste, avaient quelque chose de si terrifiant, que les deux caporaux s'étaient enfuis, et qu'ils étaient encore sous l'impression de l'émotion qu'ils venaient d'éprouver quand ils rencontrèrent Schiller et son compagnon. On comprend maintenant l'hésitation qu'ils montrèrent quand Schiller les engagea à revenir auprès du sergent décoré.

Dès que les caporaux se furent éloignés, Louis s'empressa de rassurer ces dames, leur offrit son bras pour les accompagner où elles voudraient aller, et, tout en marchant, il apprit par quel hasard elles se trouvaient à Liegnitz et sur la promenade de la Katzbach. Le père Brohmer, parfaitement rétabli de sa maladie, avait voulu profiter du dimanche pour faire quelques visites à des amis qu'il avait à Liegnitz, et il avait emmené avec lui, pour les distraire, sa sœur et sa fille. Les principales visites terminées, la tante et la nièce étaient allées à vêpres;

et en sortant de l'église, comme le départ était fixé à six heures du soir, elles avaient eu l'idée, en attendant, d'aller faire un tour de promenade dans la Katzbach. C'est là qu'elles avaient été rencontrées par les deux caporaux, et que s'était passée la scène que nous venons de raconter. Maintenant nous allons reprendre notre récit.

# CHAPITRE VI

### LE DOUBLE DUEL

Lorsque Vermont entendit l'interpellation à lui adressée par un sous-officier chevronné (car Schiller portait deux chevrons), il s'empressa d'acquiescer à l'invitation de son ancien, et, quittant sa compagnie, il s'approcha du maître d'armes en lui demandant poliment ce qu'il voulait lui dire.

« Tout simplement, répondit Schiller de l'air le plus simple qu'il put prendre, de me céder les dames avec lesquelles vous vous trouvez, pour que je les rende aux deux caporaux de mon régiment, à qui vous vous êtes permis de les enlever en abusant envers ces deux hommes de l'autorité que votre grade vous donnait sur eux. »

A ces mots, Vermont regarda Schiller avec un étonnement qui tenait de la stupéfaction; puis, le toisant du haut en bas, il lui dit avec tout le sang-froid qu'il lui fut possible de conserver : « Je ne vous comprends pas, Monsieur. »

L'autre répéta sa phrase en accentuant chaque mot; puis il ajouta : « Il me semble pourtant que c'est assez clair ce que je vous dis là.

— Et si je refuse de faire droit à votre insultante requête ?

— Alors naturellement c'est à moi que vous aurez affaire, et non plus à des hommes d'un grade inférieur au vôtre. Vous comprenez ?

— Oui, je comprends parfaitement que c'est une querelle que vous cherchez ; seulement ce que je ne comprenais pas, ce que je ne comprends pas encore, c'est qu'un sous-officier, un ancien comme vous, conserve assez peu le respect de soi-même pour prendre le parti et la défense d'hommes qui se sont conduits envers des femmes d'une manière indigne d'un militaire français. Puisque vous avez envie de vous battre avec moi, qui ne vous connais pas, qui n'ai jamais eu le moindre rapport avec vous, tout autre prétexte eût été plus convenable que celui-là. Ainsi, par exemple, il fallait me dire tout simplement : « Camarade, il fait diablement chaud aujourd'hui; voudriez-vous me faire le plaisir de vous rafraîchir avec moi d'un coup de sabre ? » Bien volontiers, vous aurais-je répondu, et nous serions allés gaiement sur le terrain. Je me serais dit : Voilà un original qui a envie de se battre avec moi, je ne sais pas pourquoi; peut-être pour savoir si j'ai le cœur et le poignet solides : soit, faut le contenter l'ancien. J'aurais au moins conservé quelque estime pour vous, tandis que le prétexte que vous avez imaginé vous déshonore à mes yeux.

— Ah çà! est-ce que vous avez par hasard la prétention de me donner des leçons? reprit Schiller d'un ton rogue. Apprenez que vos moustaches sont encore trop courtes, et que c'est moi qui vais vous donner une leçon de contre-pointe comme vous n'en avez jamais reçu.

— Assez causé, répliqua Vermont; je vais dire deux mots à ces dames, et je suis à vous. »

Pendant cette conversation, qui avait eu lieu presque à voix basse, la tante Brohmer et sa nièce avaient continué à marcher dans la direction de la ville, en se retournant de temps en temps pour voir si le sergent Vermont les suivait. Elles n'étaient pas sans inquiétude sur ce qu'avait pu lui dire le sous-officier étranger; Bertha avait remarqué qu'il avait mauvaise mine, et qu'il avait quelque chose de féroce dans le regard. Enfin Vermont les rejoignit; mais c'était pour s'excuser de ne pouvoir les accompagner plus loin, étant retenu par une affaire importante et imprévue. « Si cette affaire, dit Bertha en souriant, ressemble au messager qui est venu vous l'annoncer, elle ne doit pas être fort agréable; car je n'ai jamais vu figure plus maussade que celle de ce personnage. — C'est assez vrai, répondit le sergent sur le même ton; mais l'affaire qui me retient a cela surtout de désagréable qu'elle me prive de l'honneur et du plaisir de votre société. Si je suis libre dans une heure, j'irai vous voir avant votre départ et boire une chope de bière avec papa Brohmer. » Et il s'éloigna. Les deux femmes, sans se douter de l'importance de l'affaire qui retenait Louis Vermont, avaient comme le pressentiment d'un malheur, et elles regagnèrent l'hôtel du Lion-d'Or, où les attendait le père Brohmer.

Pendant que Vermont était allé parler aux dames Brohmer, le tambour-maître avait rejoint Schiller, et lui disait : « Mais ce n'est pas à celui-là que vous en vouliez tant. — Qu'importe? c'est son camarade, et cette première affaire va nécessairement amener l'autre : tu vas voir. »

Quand Vermont se fut rapproché de son antagoniste, celui-ci lui dit : « Pour arranger convenablement notre affaire, nous avons besoin de témoins : si vous voulez, je vais envoyer à l'hôtel des Trois-Couronnes le tambour-maître que voici; il invitera, de votre part, celui ou ceux des sous-officiers que vous lui désignerez, et de la mienne un ou deux de mes amis. Cela vaudra mieux que d'aller nous-mêmes dans cette réunion; on pourrait soupçonner quelque chose; cela ferait du bruit, et je pense que vous tenez, comme moi, à l'éviter. En attendant, nous nous promènerons en fumant notre pipe, au milieu de la foule qui commence à encombrer les allées. »

Vermont ne fit pas d'objection ; seulement ayant aperçu un soldat de sa compagnie qui se promenait avec quelques camarades, il lui dit d'accompagner le tambour-maître et de prévenir le sergent Cerny qu'il l'attendait, ou à son défaut le sergent Jacquet.

Vingt minutes après les témoins arrivèrent, à l'exception de Cerny, qui ne s'était pas trouvé dans la salle quand l'envoyé de Vermont s'y était présenté. Comme il y avait en ce moment un assez grand nombre d'officiers et de bourgeois sur la promenade, on convint, pour ne pas exciter les soupçons, de se rendre séparément, chaque adversaire avec ses deux témoins, à un petit bois que tous connaissaient, et qui était situé à cent pas du champ de manœuvre habituel des troupes. Pendant le trajet, chaque antagoniste expliquerait l'affaire à ses témoins, et arrivés sur le terrain, ceux-ci se réuniraient de part et d'autre pour régler les conditions du combat.

Quand Schiller s'était aperçu que le sergent de Cerny n'était pas venu servir de second à son camarade, il en avait été vivement contrarié. « Cours vite, avait-il dit tout bas à son prévôt le tambour-maître ; tâche de le découvrir, et dis-lui que son ami l'attend pour être son témoin; tu l'amèneras toi-même par le chemin le plus court, et, attendu que nous irons sans nous presser et comme en nous promenant, vous arriverez encore à temps. Je veux en finir avec cet homme pendant que j'y aurai la main. »

Le prévôt partit aussitôt, et cette fois il trouva de Cerny qui prenait quelques rafraîchissements dans un café avec le maréchal des logis du 5ᵉ cuirassiers, contre lequel il avait lutté dans l'assaut. Dès que l'envoyé de Schiller eut fait part à de Cerny de la commission dont il était chargé, celui-ci se leva en bondissant; et, tout en rajustant à la hâte ses vêtements et en remettant son sabre, il s'informait de la cause de la querelle de Vermont avec un homme qu'il ne connaissait pas.

« Cet homme avec qui l'ami de Monsieur a affaire, demanda le maréchal des logis de cuirassiers au tambour-maître, ne serait-ce pas pas hasard le sergent Schiller, maître d'armes dans votre bataillon?

— Oui, répondit le prévôt.

— En ce cas, reprit le cuirassier en s'adressant à Théodore, je tremble pour votre camarade; ce Schiller est connu dans tout le corps d'armée pour un bretteur fini; c'est ce que nous appelons *une pratique* dans toute la force du terme; chacun le déteste et le méprise, mais on le craint parce qu'il a la main meurtrière.

— N'est-ce pas cet homme, interrogea Théodore,

qui s'affuble de l'ignoble surnom de Bourreau des crânes, et dont j'ai entendu parler ?

— Précisément, répondirent ensemble le tambour-maître et le cuirassier.

— Partons vite et allongeons le pas, dit Théodore en s'élançant hors du café.

— Si cela ne vous contrarie pas, je vous accompagnerai, dit le cuirassier en rejoignant dans la rue Théodore, qui déjà s'éloignait à grands pas; quoique appartenant à la grosse cavalerie, vous verrez que je suis encore assez leste pour vous suivre.

— Vous me ferez plaisir, » repartit Théodore. Et les deux sous-officiers suivirent le tambour-maître, qui leur servait de guide.

Pendant ce temps-là, Vermont et son adversaire étaient arrivés sur le terrain. Les témoins avaient fait choix d'un emplacement convenable, où le vent et le soleil étaient partagés également entre les deux combattants; puis, comme on n'avait pas d'autre arme que celle que chacun d'eux portait, c'est-à-dire le briquet de fantassin, il fut convenu qu'ils se battraient avec cette arme jusqu'au premier sang. « Vous entendez, jeune homme, dit Schiller à Vermont; seulement je vous préviens que le premier sang que je tire à mon adversaire est ordinairement le dernier, car après il ne lui en reste plus une goutte dans les veines. »

Vermont se contenta de hausser les épaules à cette

nouvelle fanfaronnade; et, après avoir assuré avec un mouchoir la poignée de son sabre dans sa main droite, il se présenta en face de son adversaire. Les témoins, le sabre au poing, se tenant de chaque côté des combattants, donnèrent le signal, et les deux adversaires tombèrent aussitôt en garde.

Pour tout homme un peu habitué aux exercices de l'escrime, il était évident que Vermont n'était pas de force à lutter contre son terrible adversaire. Cependant, comme il n'apportait dans cette lutte ni animosité ni colère contre son agresseur, il conserva longtemps son sang-froid, et soutint avec avantage les premières attaques; mais il s'échauffa par degrés, et, l'emportement succédant au calme, il s'abandonna peu à peu à son impétuosité naturelle. Oubliant toute réserve, il attaqua à son tour avec plus d'audace que de prudence, et son antagoniste, profitant d'un moment où il s'était découvert, lui plongea son sabre dans le côté droit.

En ce moment Théodore arrivait sur le lieu du combat, et recevait dans ses bras son ami chancelant. Le sang sortait en abondance de sa blessure; déjà Louis pâlissait et allait s'évanouir, quand le maréchal des logis de cuirassiers, qui avait eu de la peine à suivre Théodore, arriva à son tour et dit à ce dernier : « Confiez-moi votre ami; ces sortes de blessures-là me sont connues. Donnez-moi du linge, et je vais lui mettre un premier appareil, en attendant qu'on appelle un chirurgien. » Théodore s'empressa de donner son mouchoir, déchira une manche de sa chemise; son camarade Jacquet en fit autant, et le cuirassier procéda aussitôt au premier pansement du blessé. Tous les témoins, des deux côtés, s'étaient rangés autour de Vermont et du maréchal des logis, s'apprêtant à transporter le blessé en ville aussitôt que l'appareil aurait été posé.

Pendant ce temps-là, Schiller, debout, à quelques pas du groupe, regardait tranquillement cette scène. Il avait les bras croisés; sa main droite, placée sous le bras gauche, tenait encore son sabre nu, dont la pointe baissée était tachée de sang; son attitude avait quelque chose de cynique et de provocant; ses témoins eux-mêmes en furent révoltés, et l'un d'eux lui dit : « Que faites-vous ici, Schiller? ce n'est pas votre place; vous devriez déjà être parti.

— Moi, répondit-il avec effronterie, j'attends que l'ami de celui que je viens de corriger se présente pour le venger; mais il paraît qu'il n'est pas pressé, et qu'il aime mieux se faire applaudir dans un assaut que de risquer d'attraper une boutonnière comme celle de son camarade. Ce n'est peut-être pas très-brave; dans tous les cas, c'est plus prudent. »

En présence d'une provocation aussi insultante, la modération de Théodore l'abandonna. Il se retourna brusquement du côté de Schiller, qui restait toujours dans la même attitude, et qui se mit alors à siffloter, comme s'il eût voulu narguer Théodore. Personne plus que de Cerny n'avait horreur du duel, nous l'avons déjà dit; sa raison aussi bien que ses principes de morale et de religion lui avaient toujours fait repousser ce préjugé criminel et barbare comme indigne d'un homme raisonnable, indigne surtout d'un chrétien. Mais la vue de son ami d'enfance blessé peut-être mortellement par cet infâme spadassin, qui se faisait un jeu de la vie des hommes, excita au plus haut degré sa colère. Cédant malheureusement à un mouvement d'exaspération, il saisit son sabre et marcha contre Schiller. Celui-ci, en le voyant approcher, se mit aussitôt en garde, en disant avec un rire sardonique : « Tiens, tiens, comme il va maintenant! Il n'y a tel pour être brave qu'un poltron échauffé; mais, camarade, pour un héros de salle d'armes, vous oubliez les leçons que vous avez reçues de vos maîtres, et vous devez savoir qu'on ne se présente pas ainsi devant un ancien.

— On ne doit des égards qu'aux gens qu'on estime, répondit froidement Théodore; on ne doit aux assassins brevetés de votre espèce qu'une correction.

— Et c'est toi, blanc-bec, qui prétends me la donner! rugit Schiller, que ces mots de Théodore, et surtout son regard froid et méprisant, avaient mis hors de lui; c'est ce que nous allons voir. Allons,

Messieurs, faites votre devoir, » dit-il en s'adressant aux témoins, qui étaient venus reprendre leur place auprès des combattants, et avaient laissé le maréchal des logis seul auprès du blessé.

Les témoins donnent le signal, et Schiller se précipite aussitôt avec fureur contre son adversaire; il accompagne chacune de ses attaques d'insultes et de sarcasmes grossiers; mais Théodore a recouvré tout son sang-froid : il pare avec autant de calme que de présence d'esprit tous les coups de son antagoniste, qui s'épuise en efforts impuissants. Alors de Cerny prend à son tour l'offensive; sous ses vives et pressantes attaques, Schiller a peine à arriver à la parade : une fois même il se découvre, et les témoins de Théodore sont étonnés qu'il n'ait pas profité de cette faute. Est-ce qu'il ménagerait cet homme? pensaient-ils l'un et l'autre. Une fois encore Schiller veut riposter à une attaque; mais Théodore, par une contre-riposte, le force à se découvrir de nouveau, et au même instant le sabre de Cerny frappe comme la foudre. Schiller pousse un horrible blasphème : son sabre tombe, ou plutôt pend à son poignet, qui ne tient plus à son bras que par quelques tendons. Théodore, par un terrible coup de *manchette*, avait presque tranché l'articulation du poignet; mais cette blessure rendait l'amputation nécessaire.

Vermont avait repris connaissance quand son ami

arriva auprès de lui; on venait de lui raconter le combat de Théodore et de Schiller, et ce récit avait paru le ranimer. Il tendit la main à son ami, et lui dit d'une voix faible : « Merci, mon cher, tu m'as dignement vengé! — Je te défends de parler, répondit vivement Théodore; dans ton état tu as besoin de beaucoup de calme; nous aurons le temps de causer quand tu seras guéri. Tiens, voici un chirurgien qui nous arrive : qui donc a eu l'heureuse idée de nous l'envoyer ici? »

Celui qui avait eu cette heureuse idée, comme disait Théodore, c'était le tambour-maître, le prévôt de Schiller; en allant chercher les témoins pour Vermont, il avait rencontré un sous-aide de son régiment, à qui il avait dit : « Major, je vous préviens que Schiller est en train de vous tailler là-bas de la besogne; vous ne feriez peut-être pas mal d'y aller faire un tour, car dans une demi-heure, une heure au plus, il pourrait bien y avoir deux ou trois blessés au moins, et vous savez que les blessures qu'il fait ne sont pas des égratignures. »

Le chirurgien était allé chercher sa trousse, et était parti dans la direction que lui avait indiquée le tambour-maître. En arrivant, il visita d'abord la blessure de Vermont, reconnut que l'appareil avait été bien posé, et en fit compliment au cuirassier, en lui demandant si par hasard il avait été élève en médecine. « Jamais, répondit le sous-officier; mais, quand on a servi dix ans dans la cavalerie, on a donné et reçu passablement de coups de sabre, et, sans être chirurgien, on sait un peu panser ces sortes de blessures; c'est comme un chasseur qui, sans être cuisinier, sait ordinairement faire un civet de lièvre. »

La comparaison fit sourire les auditeurs, excepté Théodore, qui, prenant à part l'aide-major, lui demanda ce qu'il pensait de la blessure de son ami. « On ne pourra le dire, répondit le praticien, qu'après avoir levé le premier appareil; cependant, autant que j'en puis juger d'après les apparences, je ne pense pas qu'aucun organe essentiel ait été lésé. Il faut s'occuper immédiatement de transporter le blessé à l'hôpital; vous êtes assez de monde ici pour cette opération. Moi, je vais maintenant voir l'autre blessé. »

Il alla aussitôt auprès de Schiller, qui était assis au pied d'un arbre; son fidèle prévôt était à genoux devant lui, s'efforçant avec un mouchoir d'arrêter le sang qui coulait en abondance de sa blessure. « Eh bien! mon vieux Schiller, dit le chirurgien en s'approchant, il paraît que nous n'avons pas eu de chance aujourd'hui. Voyons un peu de quoi il retourne. » Pendant que le chirurgien examinait le bras du blessé, celui-ci continuait à blasphémer et de maugréer contre son adversaire. « Ah! le brigand! disait-il, m'avoir ainsi estropié!... Mais patience;

il me reste encore la main gauche, et quand je serai guéri j'aurai ma revanche. — Oui, oui, dit le chirurgien, mais d'ici là vous avez le temps de vous y préparer; en attendant, il faut songer au plus pressé. » Il lui mit à la hâte un premier appareil, soutint son bras à l'aide d'une écharpe, puis il lui demanda s'il se sentait en état de marcher. « Certainement, répondit Schiller; on a les jambes solides; et je tire aussi bien de la main gauche que je tirais de la droite... Aussi ça n'est pas fini entre nous ; entends-tu, blanc-bec?» ajouta-t-il en se tournant du côté du groupe où se tenait Théodore. Mais celui-ci ne l'écoutait guère; il était parvenu, à l'aide des autres militaires, à improviser un brancard avec des branches d'arbre, y avait placé son ami, et en ce moment ils se dirigeaient tous ensemble vers la ville.

Schiller les suivait à quelque distance en s'appuyant sur le bras de son prévôt, et en continuant de lancer des injures contre son adversaire, qui ne les entendait pas ou ne daignait pas y répondre. Le chirurgien essaya à plusieurs reprises de le calmer, en lui disant que son exaltation ne ferait que retarder sa guérison. Quand on fut arrivé sous les allées de la Katzbach, l'irascible spadassin se sentit tout à coup pris d'une faiblesse qui l'empêcha d'aller plus loin. Il s'assit sur un des bancs de la promenade, son visage pâlit et se couvrit d'une sueur froide. « Je m'en doutais, dit le chirurgien, qui ne l'avait pas quitté. Courez vite à l'hôpital, dit-il au tambour-maître, chercher un brancard pour le transporter. » Nous allons laisser là notre Bourreau des crânes, que nous retrouverons et dont nous dirons un dernier mot plus tard, pour retourner auprès de nos deux amis.

Le convoi qui portait Vermont blessé était obligé de passer devant l'hôtel du Lion-d'Or pour se rendre à l'hôpital. Le père Brohmer était occupé dans ce moment à arranger son char à bancs pour retourner chez lui ; sa sœur et sa fille étaient à une croisée du premier étage, s'amusant à regarder les passants dans la rue. Tout à coup Bertha poussa un cri en montrant à sa tante le brancard sur lequel gisait Vermont pâle et immobile ; la tante Brohmer reconnut aussitôt leur hôte, et courut prévenir son frère, qui ne paraissait pas encore avoir aperçu le groupe de militaires qui s'avançait lentement de leur côté. Le père Brohmer se hâta d'aller à leur rencontre, et demanda des nouvelles à Théodore, qui marchait tristement à côté du brancard. En quelques mots celui-ci le mit au courant de ce qui était arrivé. « Mais, s'écria Brohmer, puisque votre ami n'est que blessé, — la tante Brohmer venait de lui dire qu'il était tué, — vous avez tort de le conduire à l'hôpital, qui dans ce moment-ci est encombré de malades, et où il règne des fièvres pernicieuses qui en font périr un grand nombre. Il faut plutôt le ramener à Wasserbruck ; une blessure n'est pas une maladie proprement dite, cela ne demande que des soins, et je vous garantis que sous ce rapport M. Vermont sera bien chez nous. Puis nous avons dans le village un chirurgien très-habile, qui nous dirigera dans la surveillance à donner au blessé. »

Théodore était bien de cet avis ; seulement il n'osait prendre sous sa responsabilité une décision de cette importance ; il fallait l'approbation de ses chefs et le consentement de Vermont. On convint de faire entrer le blessé dans une salle basse de l'hôtel, et pendant que lui et ses porteurs prendraient quelque repos, Théodore irait trouver son chef de bataillon, à qui il raconterait l'affaire. Le commandant logeait à peu de distance, et bientôt Théodore revint avec l'autorisation désirée. Nous n'avons pas besoin de dire que dès que le blessé connut de quoi il s'agissait, il y donna son plein consentement. Le père Brohmer s'occupa aussitôt de disposer sa voiture convenablement pour y placer le blessé ; de la paille et un matelas furent arrangés dans la longueur du char à bancs, de manière que le blessé y serait couché comme dans un lit. Un banc placé sur le devant recevrait sa sœur, sa fille et Théodore ; pour lui, il se réservait une banquette qui servait de siége au cocher chargé de diriger les chevaux.

Pendant que le père Brohmer s'occupait de ces

préparatifs, la tante se faisait raconter par Théodore tous les détails de cet événement et les causes qui avaient amené ce funeste accident. « Vous le voyez, ma tante, dit Bertha en pleurant quand Théodore eut terminé son récit, c'est à cause de nous que ce pauvre jeune homme s'est exposé à être assassiné par ce maudit tueur d'hommes. Oh! oui, c'est à nous plus qu'à personne qu'il appartient de le soigner et de tâcher de lui rendre la vie et la santé qu'il a si généreusement sacrifiées pour nous. »

Théodore ne comprenait pas la douleur ni les paroles de Bertha; car il ignorait encore que les personnes défendues par Vermont contre l'insolence des deux caporaux fussent précisément les dames Brohmer. Quelques mots de la tante lui eurent bientôt tout expliqué.

Puis le maréchal des logis de cuirassiers lui raconta avec une satisfaction visible le combat de Théodore et de Schiller. Mais Théodore ne prit aucune part au récit. Sa conscience lui reprochait ce duel; il se repentait sincèrement de l'acte où la colère l'avait entraîné, et il n'avait qu'un désir, celui de décharger son âme de ce fardeau.

Le père Brohmer vint interrompre la conversation en annonçant que tout était prêt pour le départ. Le malade fut aussitôt placé avec précaution sur la voiture; les autres montèrent, et deux heures après on arrivait à Wasserbruck.

L'aide-major, qui avait le premier examiné la blessure de Vermont, avait bien jugé sa nature. Effectivement, aucun organe essentiel n'était attaqué ; cependant des blessures moins sérieuses en apparence prenaient fréquemment dans les hôpitaux un caractère alarmant, et qui devenait souvent mortel. Ainsi, la blessure de Schiller, qui malgré sa gravité n'aurait pas dû avoir de suites fâcheuses, ne tarda pas à s'envenimer d'une manière inquiétante ; la gangrène s'y mit ; et bientôt le typhus vint s'y ajouter ; et, vingt-cinq jours après les deux duels qu'il avait si imprudemment provoqués, il succombait après de longues et horribles souffrances. Il est vrai qu'à ces souffrances du corps se joignaient les tourments d'une âme torturée par la haine, les regrets et les remords.

Au bout d'un mois, Vermont entra en pleine convalescence, et dès les premiers jours d'août il était en état de recommencer son service.

Depuis la fin de juillet on parlait de la reprise des hostilités ; dans les premiers jours d'août on annonça que l'armistice serait *dénoncé*, c'est-à-dire cesserait le 16 ou le 17. Alors, pour que l'armée pût célébrer convenablement la fête de l'empereur, qui tombait le 15, cette solennité fut avancée de cinq jours, et fixée au 10. On fit des distributions extraordinaires aux soldats ; il y eut des jeux, des feux d'artifice, des illuminations, des danses, etc. A Wasserbruck, le capitaine (non pas l'ancien, mais un nouveau, dont nous parlerons tout à l'heure) s'était entendu avec les officiers et les sous-officiers de sa compagnie pour organiser au château un bal, où seraient invitées les familles notables du pays. Ces familles, pour la plupart, se seraient volontiers dispensées de répondre à une pareille invitation; mais personne n'osa refuser. Parmi celles qui acceptèrent avec le moins de répugnance nous citerons la famille Brohmer, qui depuis deux mois vivait avec ses hôtes dans une telle union, qu'elle ne les regardait plus comme des étrangers. Le bal laissait peut-être à désirer sous le rapport de l'élégance et du luxe; mais ce défaut était amplement compensé par l'entrain et la gaieté qui régnèrent pendant toute sa durée. Vermont, parfaitement rétabli, dansa presque continuellement avec M$^{lle}$ Bertha, qu'il appela sa jolie infirmière ou sa sœur de charité. Le bal était encore dans toute son animation, quand les tambours firent entendre le son de la *diane*; puis, quelques minutes après, le rappel, qui annonçait le signal du départ. En sortant du bal, tous nos militaires allèrent prendre leurs armes et leurs sacs, et vinrent se ranger sur la place principale du village.

Au moment du départ de nos deux amis, il y eut des larmes répandues dans la famille Brohmer, comme si l'on eût vu s'éloigner deux fils de cette famille. Le père Brohmer et son fils Joseph voulurent les accompagner jusqu'à Liegnitz, où ils leur firent leurs derniers adieux.

En arrivant dans cette ville, nos deux amis reçurent ensemble leur nomination au grade de sergent-major. La satisfaction que pouvait leur procurer cette promotion fut compensée par le chagrin qu'ils éprouvèrent d'être obligés désormais de se séparer, puisque maintenant ils se trouveraient nécessairement dans des compagnies différentes.

Théodore resta dans la même, mais non plus avec le même capitaine, ce qui était loin de le contrarier. Nous avons déjà dit tout à l'heure qu'il y avait un nouveau capitaine dans cette compagnie; or voici ce qui était avenu de l'ancien, le capitaine Roger.

Pendant l'armistice, il avait demandé une permission de quinze jours, pour faire, disait-il, un voyage à Dresde et à Leipsick, où il avait affaire. Cette permission lui avait été accordée sans difficulté; mais, à l'expiration du délai, il n'avait pas rejoint. Trois jours, huit jours, quinze jours se passèrent, sans qu'on entendît parler de rien. Le chef de corps en fit son rapport au général de brigade, celui-ci au général de division, qui en prévint le maréchal. On écrivit de tous côtés, on prit des informations, le tout inutilement. Enfin, après un nouveau délai, et quand on vit approcher la cessation de l'armistice, il fallut bien pourvoir à son remplacement. Le lieutenant de la compagnie fut nommé capitaine, le sous-lieutenant

lieutenant, et le sergent-major sous-lieutenant. Ce fut ce dernier que Théodore remplaça.

Quant au capitaine Roger, on n'en a plus entendu parler depuis; les uns ont prétendu qu'il était passé à l'ennemi, pour aller rejoindre Moreau; d'autres, qu'il avait été tué en duel à Leipsick; mais le fait est qu'on n'a jamais su la vérité.

Les hostilités recommencèrent, dès le 17 août, entre Blücher et les corps français qui occupaient la Silésie. Après quelques combats de peu d'importance, eut lieu le 26 et le 27 la grande bataille de Dresde, dernière grande victoire remportée par Napoléon au delà du Rhin. A la suite de cette bataille, nos deux amis furent encore nommés en même temps sous-lieutenants.

# CHAPITRE VII

CONCLUSION

Six à sept mois se sont écoulés depuis les derniers événements racontés dans le chapitre précédent. Nous sommes au mois de mars 1814. La France est envahie par les armées coalisées, et Napoléon essaie en vain de lutter avec son génie contre la masse des forces qui l'accablent.

Transportons-nous un instant au château de Frasnoye-les-Forges, qu'habite M. Boulard, l'oncle de Louis Vermont, avec sa fille Estelle, la fiancée de ce dernier. Le village de Frasnoye vient d'être occupé par une troupe de Prussiens, et le commandant est logé au château. Dès le lendemain tout est sens dessus dessous dans la demeure de M. Boulard. L'officier prussien commande en maître exigeant, il crie, il menace, il tempête. Il a mis la cave du château au pillage, sous prétexte de donner des rafraîchissements à ses soldats; quant à lui, il s'est fait servir un succulent déjeuner, et il oblige M. Boulard de lui changer d'assiette. Pendant ce temps-là, Estelle, enfermée dans sa chambre avec sa camériste, tremble comme la feuille et est plus morte que vive. Tout à coup des coups de fusil retentissent du côté du village; leurs explosions deviennent plus fréquentes, et l'on distingue le bruit des tambours qui battent la charge.

« Mademoiselle ! s'écrie Justine la femme de chambre, voici les Français qui arrivent.

— Ah ! tant mieux ; ils vont nous délivrer de ces affreux Cosaques. » Pour elle, comme pour beaucoup de monde alors, tous les soldats alliés, de quelque nation qu'ils fussent, étaient tous des Cosaques.

En même temps son père frappait à la porte en criant : « Ouvre-moi, ma fille, me voilà relevé de mes fonctions de garçon de salle ; notre hôte est parti sans daigner me dire adieu. » Et Estelle, ouvrant la porte de sa chambre, sauta au cou de son père en versant des larmes de joie. « Oh ! mon Dieu ! quand donc tout cela finira-t-il ?... Tenez, entendez-vous ? voilà qu'on se bat encore. — Oui ; mais les coups de fusil s'éloignent, et les Français, pour le moment du moins, sont maîtres du village. »

Une heure se passa encore dans une vive anxiété.

Les domestiques envoyés à la quête des nouvelles ne revenaient pas. Enfin Jean, le valet de chambre de Monsieur, reparut annonçant l'arrivée d'un officier français décoré, qui demandait à parler à

Monsieur. « Faites entrer, » dit avec empressement M. Boulard. Aussitôt parut sur la porte du salon un jeune capitaine de fort bonne mine, et encore animé du feu du combat auquel il venait d'assister. Après avoir salué avec courtoisie le père et la fille, s'adressant à M. Boulard, il lui dit : « Pourriez-vous me donner des nouvelles d'un de mes meilleurs amis, votre neveu, que je n'ai pas revu, et dont je n'ai plus entendu parler depuis le mois d'octobre dernier !

— Nous n'en avons pas reçu de nouvelles depuis cette époque. Mais pardon, Monsieur, me trompé-je ? n'est-ce pas à M. de Cerny que j'ai l'honneur de parler ?

— Vous ne vous trompez pas ; c'est bien avec moi que vous avez traité du remplacement de ce pauvre Louis, qui n'en a guère profité, puisqu'il a été obligé de servir également.

— Bah ! il n'en était pas déjà si désolé ; car dans toutes les lettres qu'il écrivait à ses parents il se disait heureux comme un roi, et surtout de vous avoir comme compagnon d'armes.

— Le fait est que nous avons passé des instants difficiles ; mais aussi nous avons eu de bons moments pendant toute la campagne de Saxe. Depuis les choses ont bien changé. Après la bataille de Dresde, où nous avons été nommés officiers ensemble, nous n'avons plus eu que des marches pénibles et des combats continuels, jusqu'à cette terrible et sanglante bataille de Leipsick, dont le souvenir est toujours présent à ma pensée ; c'est là que nous avons été séparés ; la compagnie où il se trouvait a été faite prisonnière par l'ennemi ; ce qui me donne l'espoir que Louis n'a pas été tué. La mienne a pu effectuer sa retraite et prendre part à la bataille de Hanau, où la moitié est restée sur le champ de bataille. Là j'ai été nommé lieutenant, puis capitaine au commencement de cette campagne ; mais ces grades ne me consolent pas de l'absence d'un ami que j'étais habitué à voir partager mon avancement. »

Théodore demanda ensuite à M. Boulard s'il avait l'intention de rester dans son château pendant que la guerre ravageait ce pays. Le maître de forges répondit qu'il était fort embarrassé, que déjà plusieurs fois il avait pensé à s'éloigner ; mais où aller dans un pareil moment ? Toutes les routes étaient aussi peu sûres l'une que l'autre pour un vieillard et une jeune fille. Il s'était décidé à rester, parce qu'au moins dans le pays il croyait pouvoir compter sur ses ouvriers et sur une bonne partie des habitants du village ; mais la plupart avaient abandonné le pays.

« Eh bien, dit Théodore, si vous voulez suivre ce que je crois un bon conseil, le voici : la route est libre d'ici à Melun ; nous avons ordre de nous y rendre, et nous pourrons vous escorter jusque-là. Une fois dans cette ville vous gagnerez facilement Paris, où vous serez plus en sûreté que partout ailleurs.

— Oh! oui, papa, oui, papa, s'écria Estelle; Monsieur a raison; partons pour Paris. »

L'avis de sa fille était toujours le meilleur pour M. Boulard, ainsi que nous avons déjà eu l'occasion de le remarquer. La voiture de voyage fut aussitôt preparée, et l'on se mit en route après déjeuner, en compagnie de Théodore.

On arriva sans encombre à Melun. Là le père et la fille se séparèrent du capitaine en lui adressant de vifs remercîments. Théodore chargea M. Boulard d'une lettre pour sa mère; celui-ci accepta cette commission avec empressement, et dit qu'il serait heureux de donner à cette bonne mère des nouvelles de son fils.

M. Boulard trouva M$^{me}$ de Cerny toujours aussi calme, aussi résignée, aussi pieuse que nous l'avons connue autrefois. Sa visite fut longue; mais elle ne le parut guère à M$^{me}$ de Cerny, car il lui parla sans cesse de son fils. Il ne tarissait pas de faire son éloge, et la mère ne se lassait pas de l'entendre.

M. Boulard était descendu à l'hôtel de l'Empereur Joseph II, à l'angle de la rue de Tournon et de la rue de Vaugirard. Il se trouvait par conséquent dans le voisinage de M$^{me}$ de Cerny, et chaque jour il allait causer avec elle de son fils. Il lui demanda la permission de lui présenter sa fille, qui se lia bientôt d'amitié avec Angèle.

Cependant les événements se précipitaient; les

armées alliées menaçaient Paris. Le corps d'armée dont faisait partie Théodore venait d'être appelé à Fontainebleau. L'inquiétude de M^me de Cerny redoublait. Elle tremblait de plus en plus pour son enfant. Pendant la bataille de Paris surtout son anxiété fut extrême; M. Boulard avait beau la rassurer en lui disant que son fils, étant à Fontainebleau, n'avait rien à craindre des boulets et de la mitraille qui sillonnaient la plaine de Saint-Denis. Enfin Paris capitule; il est occupé par les souverains alliés : le sénat prononce la déchéance de Napoléon; tout le monde croit la guerre terminée; mais M^me de Cerny s'étonne et s'inquiète de ne pas voir revenir son fils, et de n'en recevoir aucune nouvelle.

Trois à quatre jours se passent ainsi. Le 7 avril, M. Boulard et sa fille étaient chez elle. On parlait des événements du jour, des nouvelles qui circulaient de toutes parts; M. Boulard tâchait d'expliquer le silence de Théodore, quand tout à coup la porte s'ouvrit, et lui-même parut en s'écriant : « O ma mère! » Et, sans faire attention aux étrangers qui se trouvaient présents, la mère et le fils s'embrassèrent avec effusion; puis il embrassa tendrement sa sœur, et, se retournant vers M. et M^lle Boulard, il dit en serrant cordialement la main à celui-ci : « Pardon, Mademoiselle; pardon, Monsieur; mais il y avait si longtemps que je n'avais vu ma mère!

— Comment! Monsieur, répondit M. Boulard, ému

par cette scène, vous pardonner? je ne vous pardonnerais pas si dans un pareil moment vous aviez vu d'autre personne que votre mère.

— Allons, je vois que vous me comprenez, et je vois aussi avec plaisir que vous n'avez pas abandonné ma mère pendant les tristes jours que nous venons de traverser.

— Oh! tu peux dire que nous avons de grandes obligations au père et à sa charmante fille. Tous les jours ils venaient nous réconforter par de bonnes paroles, et, sans eux, je ne sais ce que nous serions devenues, ta sœur et moi.

— Je vous remercie bien sincèrement de ce que vous avez fait pour ma mère; maintenant, je l'espère, ses tourments et ses inquiétudes vont cesser. A compter d'aujourd'hui je ne suis plus militaire; j'ai envoyé ma démission au ministère de la guerre.

— Comment! comment! s'écrièrent tout à la fois M$^{me}$ de Cerny et M. Boulard.

— Rien de plus simple. L'empereur a abdiqué; la paix est faite; je me suis fait soldat remplaçant pour servir pendant la guerre; j'ai rempli ma tâche; maintenant qu'il n'y a plus de guerre, je fais comme l'empereur, j'abdique. »

Il raconta alors en détail les événements de Fontainebleau, ajoutant qu'aussitôt que l'abdication de l'empereur avait été connue, l'armée s'était en quelque sorte dissoute d'elle-même.

M. Boulard et sa fille se retirèrent alors pour laisser la mère et le fils causer ensemble librement. En les voyant s'éloigner, Théodore dit à M. Boulard : « J'espère que ma présence ne vous empêchera pas de venir voir ma mère. — Au contraire, répondit le maître de forges, mais à condition que vous viendrez nous visiter à votre tour. »

En effet, les relations les plus suivies s'établirent entre les deux familles. Un soir M$^{me}$ de Cerny dit à son fils : « Comment trouves-tu M$^{lle}$ Boulard ?

— Très-bien ; mais pourquoi me faites-vous cette question ?

— Franchement, c'est tout simplement pour savoir si tu aurais de la répugnance à l'épouser.

— Aucune, certainement, et je ne comprends pas comment Vermont n'avait aucun goût pour sa cousine ; pour moi, ajouta-t-il avec un soupir, je serais bien loin de lui ressembler. Mais il faut chasser ces idées ; un obstacle infranchissable s'y oppose. Vous savez bien comme moi qu'elle est la fiancée de Louis, et je ne suis pas un homme à aller sur les brisées d'un ami.

— Tu n'as pas d'autre objection à faire ?

— Comment ! pas d'autre ? vous ne trouvez pas celle-là assez forte ? J'avoue qu'une pareille question m'étonne de votre part au delà de toute expression.

— Calme-toi, mon fils ; et moi je m'étonne que tu aies pu douter un instant de la délicatesse des sentiments de ta mère : eh bien, sache que si je t'ai parlé avec une sorte de dédain de cet obstacle, c'est parce qu'il n'existe plus.

— Comment! il n'existe plus, répondit Théodore en pâlissant : est-ce qu'on a appris la nouvelle de la mort de Louis?

— Rassure-toi; non, on n'a pas reçu cette nouvelle, mais bien celle de son mariage.

— De son mariage! Louis marié! et avec qui donc?

— Avec M$^{lle}$ Bertha Brohmer, la fille de ce riche propriétaire de Silésie où vous êtes restés pendant tout le temps de l'armistice, et à qui ton ami a administré si à propos son infusion de *vulnerarium montaneum*, dont tu nous as raconté l'histoire dans tes lettres.

— Je ne reviens pas de ma surprise; mais comment s'est-il rencontré de nouveau avec cette famille?

— Rien de plus simple. Il avait été fait prisonnier à la bataille de Leipsick, ainsi que tu t'en étais douté; mais de plus il était blessé, et a été envoyé à l'hôpital de Liegnitz, où il était horriblement mal. Il a écrit alors à M. Brohmer pour lui faire connaître sa situation; celui-ci est accouru aussitôt, a obtenu qu'on le lui confiât, l'a emmené chez lui, où il a été soigné le plus délicatement possible par la femme, la sœur et la fille de M. Brohmer. Bref, quand il a été rétabli, il a demandé et obtenu sans peine la main de M︎ˡˡᵉ Bertha, et le mariage a été immédiatement célébré.

— Sans le consentement de ses parents?

— Les communications étaient interrompues; on ne savait quand elles pourraient se rétablir; mais, dès qu'elles ont été libres, il s'est hâté d'annoncer son mariage à sa famille, en demandant son approbation, qu'on ne pouvait convenablement lui refuser.

— Tu verras tous ces détails dans une longue lettre qu'il écrivit à son oncle, et dans laquelle se trouve un passage à peu près ainsi conçu : « Je me « rends justice, je n'aurais pas fait le bonheur de « ma cousine Estelle; il ne lui sera pas difficile de « trouver un meilleur mari que moi; je lui souhaite « en ce genre tout ce qu'il y a de plus parfait, « comme serait, par exemple, mon ami Théodore « de Cerny; voilà l'homme qui lui conviendrait, et « qui serait mon très-digne remplaçant au mariage, « comme il l'a été à la guerre. »

— Et qu'a dit M. Boulard de cette plaisanterie ridicule de Louis?

— M. Boulard m'a paru tout à fait de l'avis de son neveu, et Estelle, je le sais, ne contredirait pas son père. Voilà pourquoi je t'ai demandé si tu n'avais aucune autre objection à faire à ce mariage que celle que tu me présentais.

Le mariage de M. de Cerny fut célébré quinze jours après la conversation que nous venons de rapporter.

Il a repris, après son mariage, ses études de droit, il a été reçu docteur, a été longtemps député, et il est aujourd'hui sénateur. Vermont fait quelquefois des voyages en France, où l'attirent presque également ses parents et son ami; mais il s'est définitivement fixé en Allemagne, où il jouit d'une brillante fortune.

FIN

# TABLE

## PREMIÈRE PARTIE

Chap. I. — L'arrivée d'un détachement de conscrits. . . . . 5
    II. — Les deux éducations . . . . . . . . . . . 22
    III. — La prière à l'église Saint-Sulpice. . . . . . . 40
    IV. — Marche d'un détachement de conscrits . . . . . 63
    V. — L'incendie. . . . . . . . . . . . . . . 80

## DEUXIÈME PARTIE

Chap. I. — L'arrivée au corps. — Une lettre de Louis Vermont. 105
    II. — Le baptême de feu. . . . . . . . . . . . 124
    III. — La croix d'honneur donnée par l'empereur après la bataille. . . . . . . . . . . . . . . . 140
    IV. — L'armistice. — Le *vulnerarium montaneum*. . . . 163
    V. — L'assaut d'armes. . . . . . . . . . . . . 188
    VI. — Le double duel . . . . . . . . . . . . . 206
    VII. — Conclusion. . . . . . . . . . . . . . . 227

6035. — Tours, impr. Mame.

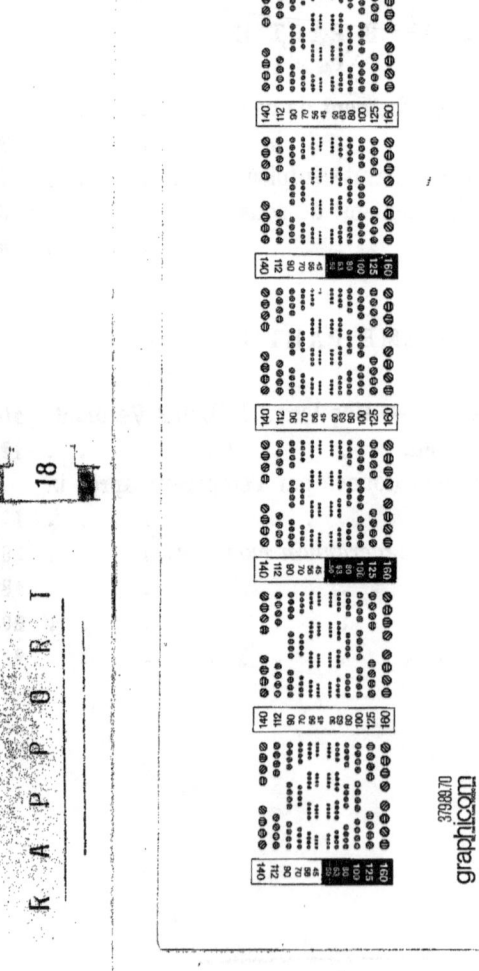
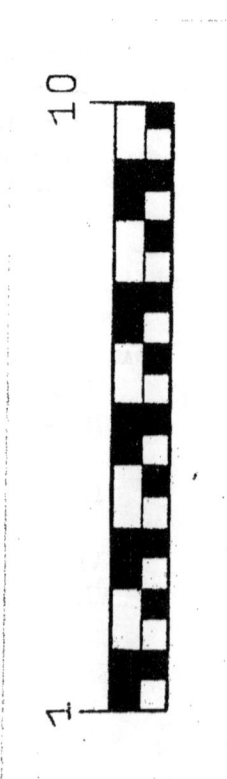

# BIBLIOTHÈQUE NATIONALE

# CHÂTEAU
de
# SABLÉ

# 1984